KB238888

Global Green

2011 글로벌 녹색성장 보고서

Growth Report

Global Green

2011 글로벌 녹색성장 보고서

임은모(글로벌 그린 마케터) 지음

Growth Report

이담
Books

현재 세계는 변화와 혁신의 시대를 맞고 있다. 하루가 다르게 변화하고 새로운 아이템이 시장을 지배한다. 치열한 경쟁의 틈바구니 속에서 살아남기 위해 기업들은 생존경쟁을 펼치고 있다. '멈추면 죽는다'라는 말이 이제 빈말이 아니라는 것이 실감 난다.

이명박 정부가 줄기차게 제안한 '저탄소 녹색성장'도 올해로 3년째다. 이제는 원론적인 제안성 메시지를 넘어 실효성 있고 국부가 되는 그린 그로스(Green Growth)가 되기 위해 한 번쯤 뒤를 돌아보는 일이 필요한 시기가 되었다. 그러나 이러한 노력과 시도는 좁은 내수시장에서 국부(國富)를 얻어내기에 많이 부족하다. 우리가 사는 세상은 이미 세계화로 발전했다.

국경과 민족의 구분이 허용되지 않는 다문화시대로의 진입에 따라 세계는 이미 글로벌화에서 모든 일이 결정되고 있다. 그래서 생긴 슬로건이 '세계로! 미래로!'이다.

따라서 글로벌 경제는 무한경쟁 시대의 다른 말이 된다. 기업들은 생존을 위한 진략으로 해외시상 개척을 최우선적으로 꼽는다. 치열한 경쟁에서 살아남기 위해서는 기술 개발뿐 아니라 전략적 해외시장 진출이 맞아떨어져야 한다.

그러나 글로벌 그린마켓에서 코리아 그린테크와 코리아 그린 아이템이 인정받기는 결코 말처럼 쉽지 않다. 그게 바로 메이드 인 코리아의 한계다. 세계는 일등 제품에만 지갑을 연다. 패스트 팔로어보다는 퍼스트 무버가 되어야 한다는 말이 결코 빈말이 아니다.

그러나 다행스럽게도 정보기술(IT)의 거품이 사라지고 기술적 융합으로 지칭되는 그린테크가 이를 대신하고 있기 때문에 우리의 희망은 여전히 존재할 수 있다.

원자력발전소 수출을 비롯하여 스마트그리드와 그린카 등장 등에서 희망의 싹이 보이기 시작했다. 이런 싹은 지난해 7월 중국 상하이엑스포의 한 포럼에서 스티브 하워드 기후변화그룹(The Climate Group) 대표가 글로벌 녹색성장산업의 미래를 다음과 같이 예단한 점에서 찾을 수 있었다.

"과거 신재생에너지는 틈새시장에 불과했지만 이제는 상황이 전혀 달라졌다. 유럽의 경우 2009년 새로 지은 발전소의 50%가 풍력 또는 태양광발전소였다. 이제 대체에너지는 시대적 조류다. 기후변화와 관련해서는 이런저런 고려할 것이 많고 상당 부분 비용이 들어갈 수 있다.

하지만 분명한 사실은 이 같은 활동이 '비용'이 아니라 '투자'이며 동시에 '부담'이 아닌 새로운 '기회'라는 인식을 명확하게 해야 한다는 점이다. 왜냐하면 우리는 확실히 녹색혁명을 위한 시작점에 서 있기 때문이다."

따라서 이 책『Global Green Growth Report』도 스티브 하워드의 예단에서 시작되고 있다. 우선 독자의 이해의 폭을 넓히고 공감을 자아내는 데 필요한 조치로 모두 7개 파트로 구분해서 정리했다. 물론 이 책의 골격은 글로벌 녹색성장의 보고서(報告書)로서 인정받고 싶은 마음에서 비롯되었다.

Chapter 1은 지구촌이 함께 뛰는 그린레이스의 대표적인 국제기구와 기업을 소개했다.

Chapter 2는 국가별 그린레이스로서 미국과 일본, 중국과 영국은 어떤 녹색정책을 가지고 운영하는지에 대한 보고서이다.

Chapter 3은 지구촌이 기대하는 여섯 가지 아이템을 선정해서 집중적인 연구와 조사로 임했다.

Chapter 4는 그린레이스에서 승자가 되는 녹색기술에 대한 우리의 기대를 다루었다.

Chapter 5는 글로벌 그린마켓을 좌지우지하고 있는 글로벌 기업 세 업체와 히든 챔피언 시대를 기리는 뜻에서 다른 하나를 추가해 마무리했다.

Chapter 6은 글로벌 녹색성장에 관한 보고서가 되기 위해 네 가지 주제로 이를 구체화시켰다.

마지막으로 Chapter 7은 자원빈국(資源貧國) 한국이 글로벌 그린으로 부자가 되는 길과 방향에 대한 비전 제시용 조사보고서로 꾸몄다.

끝으로 이 무딘 글이라도 마다하지 않고 일곱 번째로 출판의 기회를 주신 채종준 한국학술정보(주) 사장님께 감사를 드린다.

또한 한국학술정보(주) 김영권 이사님을 비롯하여 강태우 과장님과 김남동 대리님께 진하디 진한 감사를 드린다. 진정 고맙고 정말로 그 은덕을 잊지 않고 기억할 것이다.

2011년 2월 1일
임은모
adimo@hanmail.net

CONTENTS

CONTENTS

Chapter 1.

지구촌이 함께 뛰는 그린레이스

1 21세기 첫 국제기구 IRENA

여기 미래가 있다. 여기에는 먹을거리가 있다. 여기야말로 10년의 다음을 기대할 녹색성장이 있다. 이 거창한 명제에 대한 이해는 경제주체와 융합기술을 통한 글로벌 시장을 살펴보는 일에서 시작된다.

이를 화두로 삼는 명분이 곧 지구촌이 함께 뛰는 그린레이스의 본말과 일치한다. 시대와 미래를 엮는 어젠다로서 가치와 희망이 직결되면서부터 생긴 일이기에 그렇다. 하지만 우리에게 녹색성장은 모순된 이론과 미래의 불확실성에서 희망을 찾는 선각자다운 비전과 꿈에서 비롯될 수밖에 없다.

녹색성장에서 '녹색'은 환경을 지칭하고, '성장'은 시장을 지칭하기 때문에 모순적이며, 따라서 이는 처음부터 억지 주장과 희망 사항으로 포장된 개념이다.

또한 미래의 불확실성은 시장 형성 과정에 거품이 끼고, 시행착오적 정책과 판단이 난무한 시대상황을 거쳐 발전함이 예상되기 때문이다. 따라서 너나없이 잘 알고 있는 녹색성장에는 우리 모두 전문가 수준을 넘었다. 이미 식상한 화두가 된 지 오래다.

그렇다고 해도 녹색성장이 신재생에너지산업으로 발전하는 과정과 글로벌 시장이라는 두 가지 터널을 넘자면 그게 말처럼 쉽지 않다. 녹록지 않다는 얘기다. 시장은 상대가 있기 마련이고 동시에 지구촌 개념이 요구하는 수준의 글로벌 마켓을 통달해야만 21세기 성장동력인 신재생에너지산업에서 승자가 될 수 있다.

이를 단적으로 설명하고 이해하는 일은 국제적 기구의 출범과 역할의 실체를 확인하는 일에서부터 그 열쇠를 찾아야 한다. 그래서 신재생에너지산업의 전문가들을 21세기 첫 국제기구인 국제재생에너지기구(IRENA)에 대한 조사와 연구를 필수로 꼽는다.

신재생에너지산업의 글로벌 시장과 미래 기술을 조명하기 위해서도 국제적 기구와 그들의 활동, 그리고 국가의 정책을 삼위일체화시켜야 한다. 우선적으로 이 산업의 밑그림을 그릴 수 있다는 판단에 의한 기대가 크기 때문이다.

● IRENA · IEA · IAEA

지금은 '에너지기후시대(ECE－Energy Climate Ere)'이다. 뉴욕 타임스 칼럼리스트 토머스 프리드먼이 그의 저서 『코드 그린』에서 여러 차례 강조한 에너지기후시대가 도래함은 하나도 이상할 것이 없다. 그래서 국제재생에너지기구의 출범은 남다른 기대 속에 영글어서 우리에게 다가왔다.

우리가 잘 알고 있는 국제에너지기구(IEA)와 국제원자력기구(IAEA)에 이어 IRENA의 탄생은 에너지기구시대의 비전으로서 65억 지구촌 가족의 로망이 된다.

따라서 글로벌 녹색성장산업의 미래를 적절하게 예시하고, 적절하게 제시하는 국제기구 등은 우리에게 초미의 관심사가 된다. 아니 그렇게 소리 없이 다가오고 있다.

실제로 1876년 설립한 국제에너지기구(IEA)는 산유국 모임인 석유수출기구(OPEC)의 석유공급 삭감에 대항하기 위하여 주요 석유 소비국에서 만들어졌다. 반면 국제원자력기구(IAEA)는 핵(核)의 확산과 군사적 억제를 위한 모임으로 구분된다.

같은 이치로 IRENA는 오염된 지구를 이대로 방치할 수 없다는 데에서 출발했다. 18세기 산업혁명 이래 의존해온 화석연료에서 벗어나 새로운 에너지원을 찾아야 하는 명제를 해결하기 위한 모임이다.

버락 오바마 미국 행정부는 향후 10년간 재생에너지산업에 총 1,500억 달러를 투자하는 '그린 뉴딜' 정책을 발표했다. 중국도 2050년까지 재생에너지 비중을 40%까지 확대하겠다고 공언했다.

이처럼 IRENA는 재생에너지에 대한 국제적 관심을 배경으로 지구촌 신재생에너지 보급을 확대하도록 유도함으로써 지구온난화 방지와 이산화탄소 감소 등에서 크게 역할하기 위해 출범한 것이다.

● 세계 최초의 탄소제로도시 마스다르

흥미롭게도 IRENA 본부는 중동지역 도시국가 아부다비가 건설하고 있는 탄소제로도시 마스다르(Masdar)에 본부를 두고 있다. 에너지 문제에는 전혀 걱정이 없는 산유국에서 이 국제적 기구가 출발하였다는 점은 재생에너지의 패러다임이 바뀌어가고 있음에 대한 방증이 된다.

지구촌은 첫째 IRENA를 통해 재생에너지 관련 정보와 융합기술 협력의 중심지가 된다.

둘째, 각종 재생에너지 정책과 기술에 관한 정보를 공유하고 정부와 기업 간 교류를 활발하게 추진하게 된다.

셋째, IRENA는 정책자문을 통해 각 회원국 상황에 맞는 재생에너지 개발 로드맵을 만들고 관련 정책 수립에 도움을 준다.

넷째, 개발도상국에 재생에너지 보급을 확대시켜 온실가스 감축 계획을 돕는 일을 챙기게 된다.

마지막 다섯째, IRENA는 향후 재생에너지 분야의 경제협력개발기구(OECD)의 일원이 된다.

이산화탄소를 가장 많이 발생시킨 석유 수요는 2050년 70%까지 증가하고, 탄소 배출량은 130%까지 증가할 것으로 예상된다.

이러한 화석연료 급증은 중국과 인도 등 개발도상국 경제발전의 큰 요인과 맞물려 있다. 한국도 '저탄소 녹색성장'을 최우선 정책으로 추진하고 있다.

이명박 정부는 8·15 경축사를 통해 2008년 기준 2.43%에 불과하던 신재생에너지 비중을 2030년까지 11%로 확대할 것을 천명해 둔 상태다. 이를 위해 탄소거래세 도입이라든가 신재생에너지 공급의무화제도(RPS)라든가 대형 건물에 대한 에너지 목표 관리제도 등의 운영과 도입에 앞장서고 있다.

그러다 보니 좋은 정책과 융합기술을 확보하기 위해서는 국제협력이 필수적이다. 특히 신재생에너지산업 관련 한국 기업들이 글로벌 에너지 마켓에 진출하기 위해서라도 각종 정보 입수와 협력체제 구축이 필수적이기 때문에 IRENA에 대한 기대는 클 수밖에 없다. 또한 한국이 가지고 있는 IT강국의 실력을 토대로 신재생에너지 기술 분야까지 아울러 융합기술의 강자로 등극하는 일을 경제주체는 챙길 수밖에 없다.

2011년을 힘차게 열면서 기업들이 '신재생에너지 블루오션'을 찾기에 동분서주하는 모습은 자원빈국 한국이 향후 10년의 먹을거리로 신재생에너지산업에 올인하여 국가적 정책과제의 최우선 순위로 삼는 것과 무관하지 않을 것이다.

● 새로운 산업혁명의 기회

올해는 2008년 9월 미국발 글로벌 금융위기로부터 3년차 되는 해이다. 세계 경제는 회복과 회생에서 아직도 자유롭지 못하다. 이를 극복하기 위해 지구촌은 신재생에너지에 대한 관심과 기대 속에서 제5의 물결을 꿈꾸고 있다.

미래 경영환경 예측과 신성장동력 발굴은 모든 경제주체의 화두이자 경제사회의 로망이 되고 있다.

지난 3년간 글로벌 금융위기는 기존 경제 패러다임을 바꾸며 기업들의 생존을 위해 새로운 관점으로 경제를 예측하고 신성장산업을 찾아야 한다는 것을 여실히 보여주었다.

새 시대의 변화는 신재생에너지산업에서 가장 극명하게 일어나고 있다. 그 변화와 속도는 과거 석탄 에너지와 석유 에너지의 출현으로 촉발된 산업혁명에 비견될 정도로 여기고 있다.

이를 바탕으로 글로벌 마켓이 변화의 중심에 서서 기존 에너지 기업 이익과 비즈니스 포트폴리오에도 대폭적인 변화를 가져다주었다는 데 이의를 달 사람은 없다. 신재생에너지산업의 득세는 단순한 에너지산업의 개편이 아닌 제3의 산업혁명의 시발점이 될 수 있다는 데 동의하기 때문이다.

그 파장과 크기는 1차 산업혁명 당시 증기기관 출현으로 사양화된 마차산업에 버금될 수 있다. 예를 들면 전 세계 자동차산업은 첨단 장비를 장착한 전자산업으로 변모하고 있다. 그린카의 등장으로 자동차산업은 극명한 혼란과 변혁기에 돌입했다.

전자와 건설도 에너지 효율화를 위해 기술 개발에 매진하고 있으며 중화학공업 역시 설비와 공정을 획기적으로 개선하기 위해 고군분투하고 있다.

과거 정보기술(IT)의 메카 미국 실리콘밸리가 바이오밸리로 발전하는 모습은 지구촌이 함께 뛰는 그린레이스의 원형이 되었다.

그래서 모든 제품에 '그린'을 포장하지 않으면 껌 하나, 라면 한 봉지도 팔 수 없는 세상으로 변화하는 급변한 그린레이스가 본격적으로 가동되고 있다.

미래는 꿈의 유무에서부터 기인한다. 65억 지구촌의 꿈은 살기 좋은 세상을 지향해 희망을 가꾸는 일에서부터 찾을 수 있다.

따라서 그린레이스에서 글로벌 승자로 등극하는 일은 이러한 지구촌 변화에 대한 주목으로부터 시작될 수 있다.

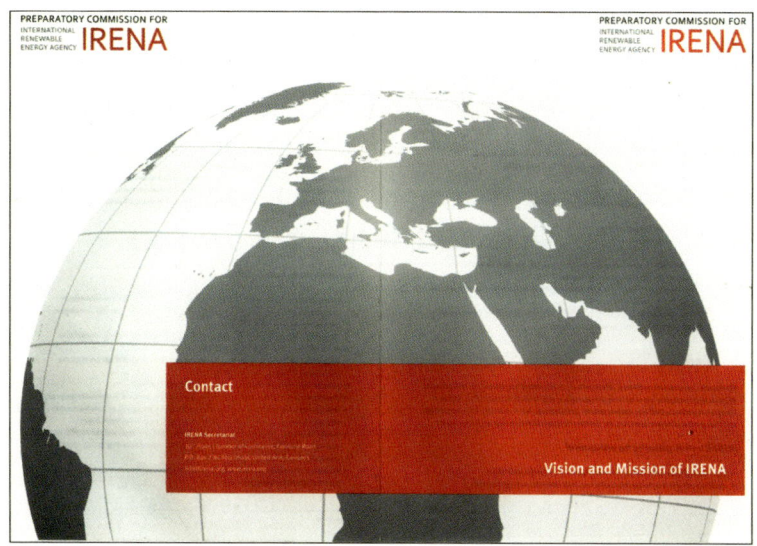

2 독일의 월척(越尺), 상하이엑스포에서 낚다

독일 경제를 이야기하면서 '기적(miracle)'이라는 단어가 나오는 것은 최근의 일이다. 그린레이스의 모범국가로서는 뒷전이었다. 유럽의 덴마크와 네덜란드에게 뒤져 있었기 때문에 항상 열외였다.

하지만 최근 들어 그린레이스에서도 명함을 드미는 데 우등국가로 떠오르기 시작했다. 엄청난 통일비용을 대느라 허리가 휘청거렸지만 지금은 지구촌이 함께 뛰는 그린레이스에 강력한 우승국가로 떠오르고 있다.

앙겔라 메르켈 총리가 이끄는 독일은 중국과 스페인이 태양광으로 추격해 오자 해상풍력과 이산화탄소 포집·저장(CCS) 기술을 특화시켜서 주목을 받고 있다.

이러한 주목은 지멘스와 보쉬(Bosch) 등이 글로벌 마켓의 변화에 따라 제5의 물결인 신재생에너지산업으로 유턴하면서 생긴 변신이자 성과이다.

페터 뢰셔 지멘스그룹 회장은 '녹색산업에서 최강자 지멘스'를 공공연하게 자청하고 나섰다.

그의 자청과 주장은 2010년 막을 내린 상하이엑스포라는 국제적 행사를 치르는 과정에서 생겼고 이게 지금은 현실화되는 계기로 발전하고 있다.

● 지멘스는 상하이엑스포 전시장에서 월척을 낚다

지멘스는 상하이엑스포 전시장에서 독일관과 중국관에 태양광과 전력 장비 등 시스템을 대거 공급한 데 이어 자사 기술력을 유감없이 보여주었다. 이를 통해 지멘스는 글로벌 그린마켓에서 최고의 강자로 떠올랐다.

뢰셔 회장은 "향후 3억 톤에 달하는 온실가스를 감축할 계획이다"라면서 "그린테크를 강화해 나가는 지멘스가 되는 일이 지상목표이다"라고 강조했다.

그리스발 유럽 경제위기로 국가들이 흔들리는 데 대해 뢰셔 회장은 오히려 기회라는 시각을 드러내기도 했다.

또한 최근 그는 파이낸셜타임스(FT)를 통해 "다양한 경기부양 프로그램이 발표되고 40%가량을 그린 인프라스트럭처 투자 프로젝트에 할당할 전망이다"라면서 "지멘스는 벌써 30억 유로 이상을 수주했고 3년 안에 150억 유로가량 수주가 예상되고 있다"라고 발표했다.

현재 지멘스는 그린테크를 통해 230억 유로(2010년 한 해 수치)에 달하는 매출을 올리고 있으며 고용 인력 10만 명에, 이 분야 국제 특허도 1만 6,000개를 확보하고 있다.

지멘스는 올해의 매출을 250억 유로로 예상하고 있고 동시에 유럽 경제위기를 새 성장기회로 가늠했음을 숨기지 않았다. 따라서 지멘스가 세계인이 주목하는 그린테크를 특화해 경제위기를 극복하는 기업으로 거듭날 것을 이 신문매체를 통해 밝힌 것이다.

● 폭격기 공장이 태양광 클러스터로 변신

독일의 변화는 지멘스에 국한되지 않았다. 폭격기 공장이 그린테크 산실로 거듭나고 있다. 100년 역사를 자랑하는 베를린 아들러스호프(Adlershof) 연구단지는 한때 세계를 두려움에 떨게 했다. '하늘의 왕자'로 불리던 포커(Forker D. Ⅶ)를 비롯한 첨단 화력을 갖춘 폭격기가 개발된 곳이었다.

그로부터 60년이 지난 2008년 아들러스호프 연구단지가 다시 세계적인 주목을 받고 있다. 이번에는 신재생에너지 산학관(産學官) 연구단지로 주목을 끌고 있다.

420만 m²(127만 평) 규모인 아들러스호프 과학단지는 태양광과 태양전지 등 신재생에너지 기업과 대학 연구소가 자리를 잡기 시작해 지금은 기계설비 분야에서 독보적인 존재로 성장했다.

독일 정부의 신재생에너지 정책은 에너지 이용의 경제성을 비롯하여 에너지 공급의 안정성과 에너지의 환경친화적 이용이라는 3대 목표를 달성하는 방향으로 추진되고 있다.

독일 정부는 2007년 6월 세계 최초로 정부 차원의 포괄적 기후보호 프로그램으로 평가받는 '통합 에너지-기후변화 패키지'를 만들어 세계인을 놀라게 했다.

● 경쟁국이 태양광을 추격해 오자 해상풍력과 CCS로 앞서가고

독일 정부가 2010년 2월 태양광 사업자에 대한 보조금을 줄이는 내용의 감축정책을 내놓았다. 우선 아들러스호프 등에서부터 반발이 거세게 일었다. 관련 산업계는 발칵 뒤집혔다. 태양광산업으로 8%의 고성장을 이어가면서 차세대 핵심 산업 분야로 자리를 잡고 있었기 때문에 비등한 여론에 봉착했다.

하지만 독일 정부는 이 정책을 철회할 생각이 전혀 없다. 오히려

건물지붕의 태양광 시설의 보조금을 16%, 일반 부지의 태양광 시설에 대한 보조금은 15%를 각각 삭감했다. 이유는 태양광산업에서 중국과 덴마크 등의 패스트 팔로어(fast follower)들이 추격해오자 대신 풍력과 CCS로 궤도수정에 나선 것이다.

퍼스트 무버(first mover) 전략으로 또다시 앞서 치고 나간다는 얘기다. 글로벌 마켓을 멀리 보는 눈과 이를 구동할 수 있는 기술력이 뒷받침되고 있기 때문에 가능한 일로 평가받고 있다.

현재 풍력 부문에서 독일의 세계시장 점유율은 70%(설치 기준)를 웃돈다. 2009년에 이 분야에서는 내수 10억 유로와 수출 51억 유로를 달성하였다.

라이너 브뤼더레 경제부장관은 "풍력발전기 타워 제조나 지반공사는 누구나 할 수 있다"면서 "하지만 독일이 주력하고 있는 기어와 블레이드 등 핵심장비 부품은 매우 높은 기술적 수준을 요구하고 그만큼 가격이 비싸다"고 주장했다.

특히 일반 풍력산업보다 10배 이상의 기술을 요구하는 해상풍력 분야에서도 독일은 2009년 5월 북해에 알파벤투스 단지를 조성하는 등 이미 시장을 선점한 상태다.

CCS 분야에서도 마찬가지다. 독일은 2000년부터 이 시장을 주목해 공격적인 기술개발(R&D) 투자를 게을리하지 않았다.

제조업의 강점을 바탕으로 고부가가치 산업을 선점한다는 독일의 수출전략은 차세대 산업인 녹색산업에서 그대로 이어지고 있다. 그래서 그린레이스는 그들에게 기술적 출구전략의 기회가 되고 있다.

• 유럽의 병자에서 유럽의 엔진으로

독일 경제의 기적으로 평가를 받은 2010년도 2분기 GDP는 1분기 대비 2.2% 성장을 기록했다. 1990년 동·서독 통일 이후 가장 높은

성장세이며, 2분기 기준으로 유로존 가운데 가장 높은 수치를 나타
냈다. 2010년 한 해 동안 독일의 경제성장률을 1.9%로 전망했던 독
일 중앙은행은 서둘러 예상치를 3%로 올려 잡았다.

2000년대 중반까지만 해도 '유럽의 병자(病者)'로 조롱을 받았던
독일이 지금은 '유럽의 엔진'이라는 찬사를 받고 있다.

제5의 물결

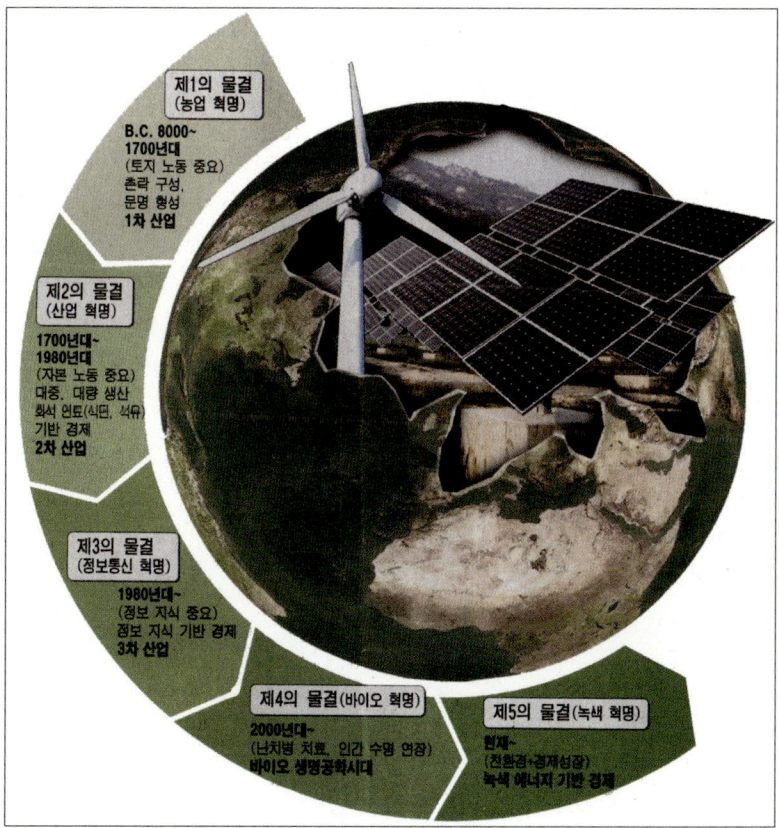

자료: 매일경제 2009. 07. 03.

세계 경제에서 더블딥 논란에도 불구하고 독일 경제가 독야청청 (獨也靑靑) 할 수 있는 힘은 제조업의 강점을 그대로 살리면서 제5의 물결로 설명되는 신재생에너지산업에서 독보적인 기술력을 접목하고 조화시킨 점에서 비롯된 것이다.

지구촌이 함께 뛰는 그린레이스에서 독일의 선전을 유럽 최대 재생에너지연구소인 ZSW의 프리트요프 슈타이스 부소장은 이렇게 정리하고 있다.

"독일이 초점을 맞춘 녹색성장산업은 재료기술(태양광)과 기계기술(풍력) 등 독일의 강점인 기술력을 최대한 활용했다. 더불어 향후 기대되는 산업으로는 해상풍력과 CCS가 될 것이다. 모두 독일이 세계에서 가장 앞선 분야이기도 하다."

다시 정리하자면 독일의 녹색성장 성적표는 지멘스와 같은 글로벌 기업이 앞장서서 상하이엑스포와 같은 글로벌 마켓에서 거둔 기술적 개가에 의해서 빛을 보고 있다.

그냥 빛이 아니라 강태공이 바라는 월척(越尺)을 통해서 이룬 기념비적 성과에 속한다.

3 덴마크가 기대하는 녹색패권(綠色覇權)

지구촌 가족의 번영과 미래는 세계가 직면하고 있는 에너지 부문의 중요한 두 가지 문제를 어떻게 다루느냐에 달려 있다.

하나는 합리적인 가격으로 에너지 공급을 안정적으로 확보하는 일이다. 다른 하나는 저탄소 녹색성장으로 이행(移行)하는 일이다.

너무나 많이 들었던 녹색성장의 이론적 근거이자 초대의 말씀이다. 이를 타당성 구비의 이론으로 받아들이게 된 배경에는 고유가로 신음했던 제1·2차 오일쇼크로 세계 경제가 파탄이 났던 1973년 기억을 떠올리기 마련이다.

● 그린노믹스(Greenomics)가 해법

또 다른 경제성 구비 이론으로는 그린노믹스(Green+Economics)를 기어할 수 있다. 잘 알고 있듯이 그린노믹스란 환경에 기반을 두고 녹색성장을 통해 이룩해 가는 경제를 의미하고 있다.

그린노믹스를 얘기하자면 덴마크가 제격이다. 덴마크는 세계 최초로 그린노믹스에 올인하여 오일쇼크를 성공적으로 극복한 나라이기 때문이다.

덴마크는 지난 1973년 오일쇼크 때 다른 유럽 나라보다 훨씬 심각한 에너지 부족사태를 겪었다.

충격적이었던 오일쇼크 이후 덴마크는 가히 혁명적인 정책을 수립해서 시행하게 된다. 여기서 '가히'는 38년 전의 경제적 악몽을 떠올려 보면 마땅한 표현이 아닐 수 없다.

덴마크 정부는 휘발유 판매를 획기적으로 줄이기 위해 기름값을 올리고 자동차 판매가격과 보험료 등 관련 세금 또한 모조리 올렸다. 뿐만 아니라 북해 원유탐사에 적극적으로 나서는 한편 풍력과 지열발전 등 가능한 에너지원(源)을 개발하는 데 국력을 쏟았다.

오일쇼크 당시 덴마크 국민과 정부는 생각과 행동을 바꾸는 데 어려움이 적지 않았다. 그러나 그 대가로 많은 것을 얻어냈다. 덴마크 경제주체들은 오일쇼크를 녹색기회로 삼아 자기의 생활방식을 바꾸고 국가는 정책을 진행시키고 기업은 틈새와 특화에 목을 매게 되었다.

바로 그린노믹스를 중시하는 학습효과를 믿고 따른 결과일 수 있다. 이를 사자성어로 쓰자면 자업자득(自業自得)이 아닌 오매불망(寤寐不忘)이 아닐까 싶다.

● G20 서울 비즈니스 서밋에 찾아온 덴마크 진객

한국의 국격을 드높인 G20 서울 정상회의에 맞추어서 서울 워커힐에서 열린 G20 서울 비즈니스 서밋에는 120여 명의 글로벌 최고경영자(CEO)가 참가하였다.

녹색성장 분과에는 디틀레프 엥겔 베스타스(Vestas) 사장이 참가했다. 풍력 부문에서 세계 1위를 차지하고 있는 덴마크의 베스타스는 임직원 2만 693명에 매출액은 84억 달러(2009년 통계)에 달한다.

덴마크는 신재생에너지인 풍력발전의 본고장이다. 전 세계 풍력발전 시장의 40%를 차지하고 있다. 바다에 세우는 고난도의 해상 풍력발전기 시장점유율은 80%에 이른다.

이 거대기업의 최고경영자가 서울을 찾아온 것이다. 더 고맙게도 귀국을 미룬 채 이 진객은 한국에서 新사업 기회를 찾기 위해 관련 한국기업 총수와의 회동에 더 적극적이었다.

● 선택과 집중의 경영학

코펜하겐에서 400km 떨어진 덴마크의 서쪽 유틀란트 반도의 끝에 바데 지방이 자리를 잡고 있다.

베스타스의 11개 공장 가운데 하나인 바데 공장은 이미 한국기업이 납품한 부품으로 베스타스를 알차게 꾸미고 있다. 바데 공장에서는 한국의 납품처인 태웅의 주력 제품인 플랜지(flange)을 가지고 원통과 원통 사이의 접합 부분을 완성시키고 있다.

이처럼 베스타스는 풍력산업에 관한 한 독보적인 기업으로 랭크되어 있다. 그동안 세계시장 점유율 1위를 내어준 적이 없다.

그러나 고비가 없었던 것은 아니다. 첫 고비는 1986년에 찾아왔다. 주력시장인 미국 캘리포니아주가 풍력 관련 법령을 변경하면서 수출길이 막혀버렸다. 생산제품의 100%를 수출했던 베스타스로서는 엄청난 타격이 아닐 수 없었다. 회사가 재정난으로 휘청거려 파산지경에 이르렀다.

이때 베스타스가 택한 것은 풍력발전에만 집중하는 정공법(正攻法)이었다. 기존의 철강과 철제구조물 등을 접고 정리해 오직 풍력발전 기술에만 매달렸다.

성과는 4년 만에 나타났다. 1990년 핵심부품인 블레이드(blade)의 새 디자인을 개발하면서 수출길이 뚫린 것이다. 캘리포니아주는 물론 영국과 인도 등에서 1,000여 대의 풍력발전기 주문을 받았다.

말 그대로 날개 돋친 듯 팔려나가기 시작했다.

이후 베스타스가 걸어온 길은 항상 '세계 최초'라는 수식어가 따라다녔다. 1995년에는 세계 최초로 해상풍력단지 조성에 성공하게 되었다.

현재 세계 풍력발전 시스템의 주력 제품 중 하나인 2MW급은 베스타스가 10년 전에 개발한 것이다.

2000년에는 스페인 가메사로부터 1,800대의 풍력발전기를 수주했다. 단일 거래로는 최대 규모였다.

베스타스가 위기를 넘기고 글로벌 마켓을 제패할 수 있었던 비결은 연구개발(R&D) 투자였다. 현재 베스타스의 R&D 인력은 1,345명에 달한다. 이 수치는 전체 직원 수의 6%를 점하는 것이다.

이들은 신상품을 계속적으로 내놓으면서 베스타스가 풍력발전기 분야의 최강자 자리를 굳히는 동력이 되었다.

또한 베스타스가 이끄는 풍력산업은 덴마크 경제를 떠받치는 기둥이 되고 있다. 덴마크 전체 수출물량의 8%가 풍력발전기다. 2009년을 기준으로 풍력발전기 수출 규모는 전년 대비 20%나 신장했다.

실제로 덴마크는 250만 개 일자리 가운데 풍력산업에서 창출된 것만도 4만 개에 이르고 덴마크 안에 세워진 풍력발전기도 5,500기에 달한다. 따라서 덴마크 전체 에너지원의 20%를 풍력발전기가 담당한다. 또한 오일쇼크가 준 학습효과에 의해 이를 2012년까지 30%로 끌어올릴 계획이다.

● 세계화의 기수 베스타스

요즈음 풍력발전기는 풍력날개가 돌아가는 범위가 축구장 넓이의 2배를 넘을 만큼 대형화되고 있다. 또한 수천 가구에 전력을 공급할 수 있는 메가와트급 풍력발전기는 대당 가격이 수백만 유로에 달한다.

동시에 완제품 설치가 끝난 뒤 결함이 발견된다면 엄청난 손실이 불가피하다.

따라서 베스타스는 개발 전에 반드시 완벽한 설계와 기능시험을 거친다. 그만큼 사전 준비가 철저하다는 얘기다.

베스타스 설계시험센터에서는 시제품 판매 전에 2년에 걸친 테스트 실시를 원칙으로 정해두고 있다. 세계화의 기수가 되기 위해서는 철저한 자기 테스트가 필요함에 공감한 것이다.

이를 위해 베스타스는 회사 스스로가 설계와 시험, 감독과 보수 등에 완벽을 이루는 데 매우 적극적이다. 예를 들면 '요람에서 무덤까지' 풍력발전기 생산의 전 과정에서 완벽한 통제를 추구함을 궁극적 목표로 삼고 있다.

결국 베스타스를 통해 녹색패권을 이루려는 덴마크의 노력과 몸짓은 38년 전의 오일쇼크에서 얻은 학습효과가 약발을 받는 것으로 이해해도 된다.

4 녹색신화를 쓰고 있는 마스다르

독일 지멘스가 상하이엑스포에서 거두어들인 성적표가 단연 화제
인 가운데 중국 상하이 인근 충밍 섬에는 동탄(東灘) 신도시가 목하
건설 중이다.

적잖은 국내외 상하이엑스포 관람객들이 동탄 신도시까지 발걸음을
연장해 견학하는 극성은 중국 매스컴을 통해 간단없이 소개되었다.

동탄 신도시는 완공 시점인 2050년이면 뉴욕 맨해튼의 4분의 3
정도 면적에 50만 명이 살게 된다. 세계 1위 탄소배출국인 중국이
환경오염국의 이미지를 벗어보려는 야심 찬 시도에서 시작했다.

하지만 이러한 시도와 계획은 동탄 신도시에 국한된 얘기가 아니
다. 이미 탄소제로도시 계획들이 전 세계 여러 나라 여러 곳에서 등
장하고 있다.

독일 프라이부르크는 20년 넘게 차근차근 탄소제로도시 목표를
향해 잰걸음을 내딛고 있다. 1974년 원자력발전소 반대운동을 시발
로 그 후 시내 축구장에 태양광발전소를 지으면서 탄소제로도시의
시대를 열었다.

탄소제로도시란 지구온난화의 주범으로 지목되는 이산화탄소 배출량이 '0'인 도시를 지칭한다. 석유나 석탄과 같은 화석연료 대신 태양광이나 풍력, 바이오매스 등 신재생에너지를 사용하고 고효율 건물 설계로 에너지 소비를 최소화한다는 점이 강점이다.

이러한 기준과 강점을 토대로 중동지역 도시국가 아부다비가 건설 중인 세계 최초의 탄소제로도시 마스다르(Masdar)는 탄소제로도시의 새 역사를 쓰고 있다. 바로 지금 말이다.

● 아부다비 마스다르 도시플랜

2008년 2월.

아부다비 도심에서 20km 떨어진 곳에 세계 최초의 탄소제로도시인 아부다비 마스다르의 첫 삽질이 있었다.

규모는 $6.5km^2$에 모두 7단계 공사로 나누어 시행되는 매머드급 프로젝트에 해당한다. 이 프로젝트는 2006년 4월에 발표된 이후 2년 만에 처음으로 시행에 들어갔다.

아부다비국제전시장(ADNC) 조형물 코너에 전시된 마스다르 모형도를 보면 한눈에 탄소제로도시라는 콘셉트에 걸맞은, 아랍 고대 양식과 현대공학 기술력이 결합된 도시임을 알 수 있다.

우선 성벽을 외곽으로 감싸고 거리는 보행자 위주로 설계된 점이 두드러진 특징이다. 드넓은 사막의 태양열을 피하기 위해 인위적인 그늘을 드리운 점이 그렇고, 그늘이 지는 지역을 극대화하기 위해 동북 방향에서 서남쪽으로 마스다르의 도심을 삼는 점이 그렇다.

에너지 소비를 최소화하기 위한 조치일 수 있지만 도시 설계자의 표현대로 가급적 도시의 이미지가 정동정(靜動靜)을 감지시키게끔 배열한 점이 돋보인다.

아부다비 신문매체 '더 내셔널'에 따르면 마스다르에 필요한 에너지 구성은 태양광(82%)과 쓰레기에서 얻은 재생에너지(17%), 그리고 풍력(1%) 순이다.

이미 마스다르는 미국 매사추세츠공과대학(MIT)을 파트너로 삼아 '마스다르 과학연구소'를 설립하는 기민성을 유감 없이 발휘하고 있다.

2016년 마스다르가 완성되면 상주인구 5만 명과 함께 전 세계에서 명함을 내밀 수 있는 녹색성장기업 1,500개 업체가 입주해 비즈니스에 임하게 된다.

예컨대 마스다르 건설과 운영을 도맡은 아부다비 미래에너지공사는 국부펀드(SWF) 돈으로 녹색성장산업을 통한 부가가치를 확보하는 일에서 비즈니스모델(BM)을 만들고 있다.

● 마스다르시티는 한국 기업에 66만 m^2 배정

2010년 3월 4일.

술탄 알 자베르 아부다비에너지공사 사장은 서울 양재동 KOTRA 본사에서 조환익 사장과의 MOU를 체결했다.

KOTRA는 탄소제로도시 마스다르 건설에 투자할 한국 금융회사와 신재생에너지 기업, 그리고 건설회사 등을 위한 창구 역할을 맡게 된다. 그 일환으로 마스다르는 총 면적 $6.5km^2$에서 약 8%에 해당하는 66만 m^2를 한국 측에 배정하는 업무협약을 마련했다.

따라서 지구촌이 함께 뛰는 그린레이스에 한국과 마스다르의 밀월(蜜月)은 이미 시작되었고 그렇게 진행되고 있다.

이러한 밀월은 신재생에너지산업의 각국 정보와 각종 아이템의 트렌드를 파악하고 활용하는 창구로서 큰 무게로 다가오고 있다.

여기에 국한하지 않고 마스다르가 완공을 진행하는 사이에 이미 비즈니스모델을 세우고 집행하는 일에서 벤치마킹 이상의 학습효과를 겸하고 있다. 예를 들면 2010년 하반기에 마스다르와 지멘스 사이에 체결한 스마트그리드사업 추진은 백미에 속한다.

더욱이 2012년 완공을 목표로 건설 중인 세계 최대 태양광발전소 건설은 이미 마스다르가 신재생에너지산업에서 괄목할 만한 성적표를 쌓기 시작했음을 뜻한다.

● 세계 최대의 태양광발전소를 건설하는 마스다르

2010년 6월, 세계적인 통신사 AFP는 '마스다르 세계 최대 태양광발전소 건설'이라는 헤드라인 뉴스를 내보냈다. 이 통신사가 전하는 내용은 마스다르의 변신과 역할이 어디까지 진행될 것인가 하는 기대를 증폭시키고 있다.

이는 술탄 알 자베르 CEO가 프랑스 석유회사 토탈과 스페인 태양광에너지 기업 아벤고아를 아우르는 세계 최대의 태양광발전소를 건설한다고 발표했기 때문이다.

마스다르 미래 거리

AFP에 따르면 '샴스(Shams-아랍어로 태양이라는 뜻) 1호'로 불리는 이 발전소는 아부다비 남서쪽 마디나자예드의 2.5km^2 부지에 세워진다. 발전용량 100MW에 투자비는 미화 6억 달러에 달한다고 마스다르는 발표했다. 이 건설비는 마스다르가 60%, 토탈과 아벤고아가 각각 20%씩 부담키로 했다.

또 자베르 CEO는 "이 발전소 건설로 매년 17만 톤의 이산화탄소 감축효과를 볼 수 있다"고 주장하면서 "향후 2호와 3호 발전소를 추가 건설할 계획도 가지고 있다"고 밝혔다.

중동지역 사막의 나라에서, 에너지자원에 아무런 걱정이 없는 세계 3위 산유국에서 녹색신화를 쓰고 있는 마스다르의 변신과 발전은 이래저래 뉴스를 넘어 지구촌이 함께 뛰는 그린레이스에 대한 사회현상에 으뜸이 된다.

5 10년 이후의 먹을거리를 찾아 나선 삼성 미래전략실

신묘년을 열면서 한국 재계의 화두(話頭)는 '다시 뛰자'이다. 올해는 건국 이래 무역 1조 원 시대를 기대하는 첫해이기도 하다.

2011년 올해 한국 수출 실적과 무역 수지 흑자가 각각 최대 기록을 낼 전망이기 때문에 관련 기업들은 새해 첫날부터 남다른 기대와 희망으로 들떠 있다. 그래서 한국 재계의 각오와 변신은 다른 어떤 해와 다르게 긴장감과 기대감으로 첫발을 딛고 있다.

그러나 국내외 전문가들이 경제성장률을 지난해 6%대에서 올해 3~4%대로 급락할 것으로 예상하고 있기 때문에 여기에 대한 대비가 필요함을 공감한 결과일 수 있다.

1994년 처음 1인당 소득 1만 달러 고지에 올라선 한국 경제는 글로벌 금융위기 한파와 환율(換率) 전쟁에 의해 지금까지 17년 동안 '1만 달러대의 덫'에 갇혀 있다. 환산소득 기준으로 2007년의 2만 달러 시절을 제외하면 말이다.

G20 서울 정상회의 이후 '그린레이스 열풍'과 '총력전 모드'로 바꾼 한국 기업들은 공격적인 글로벌 마켓 진출을 완수하기 위해 조직

개편과 인재등용으로 물갈이를 하면서 다시 뛰고 있다.

그 가운데 김순택 부회장이 이끌고 있는 삼성 미래전략실 출범은 비상한 관심과 함께 새로운 시대에 걸맞은 신종사업에 대한 의문까지 포함하고 있다.

한국 경제를 대표하는 삼성그룹이 그동안 글로벌 마켓에서 반도체와 휴대폰 신화를 썼던 과거의 경제 기적으로 볼 때 지구촌에 강하게 불고 있는 그린레이스에서는 과연 어떤 아이템과 어떤 결정으로 대처해 나갈 것인지에 관한 궁금증이 증폭되었다.

바로 10년 이후의 먹을거리를 찾아 나선 고뇌의 결정이기에 국내외 전문가들 사이에서 의견과 논란이 분분하게 진행되었다.

● 삼성그룹 5개 신수종사업 리스트

한국 대표기업 삼성은 2010년 12월 3일 2년 7개월여 만에 부활하는 그룹 컨트롤 타워 조직의 명칭을 '미래전략실'로 정해 경영지원팀과 커뮤니케이션팀 등 6개 팀으로 된 조직 구성안을 발표했다.

이와 함께 5개 신수종사업(新樹種事業) 아이템까지 발표하고 있기 때문에 여기에 대한 의문과 궁금증은 그래서 뉴스가 되었다.

삼성 미래전략실을 바라본 시선은 두 가지로 엇갈리고 있다. 하나는 '이름만 바꿔 달았다'라는 견해이다. 다른 하나는 어제의 삼성과는 선을 긋는 오늘의 삼성으로서 '운영이 전혀 다를 것이다'라는 점이다.

하지만 분명한 것은 이제 삼성은 그룹 컨트롤 타워 삼성 미래전략실을 통해 10년 이후의 먹을거리를 찾아 내수시장을 기반한 글로벌 마켓의 승자의 길로 매진하는 일에 전력투구가 이루어질 것이 예단되고 있다는 것이다.

그 큰 밑그림의 사업내용을 들춰 보면 발광다이오드(LED)를 비롯하여 자동차용 전지와 태양전지, 의료기기와 바이오제약 등 모두 5개 분야다. 한결같이 10년 이후의 먹을거리를 기대하게 만든 신수종 사업으로 짜여 있다.

이를 위해 2020년까지 총 23조 3,000억 원을 투자할 것을 천명했다.

LED와 자동차용 전지는 이미 삼성이 적극적으로 사업을 진행하고 있던 분야인 만큼 이번 발표를 계기로 투자를 더욱 확대해 시장 주도권을 공고히 하겠다는 전략이나 다름없다.

이번 발표에서는 사실상 10년 만에 재진출을 선언한 의료기기 분야가 포함되어 있다. 삼성은 1984년 GE와 합작해 의료기기 사업을 추진해 왔으나 외환위기 때 접었다.

삼성은 하루가 다르게 발전하는 융합기술을 비롯해 자체 역량과 글로벌 마켓 전망을 교집합시켜 이번 5개 신수종사업을 추진하게 되었다고 밝혔다.

• 과감한 투자로 기회를 신점(先占)하라

현대 기업 역사에서 최고경영자의 업무 복귀는 다반사로 이루어지고 있다. 불확실성 사회에서 오는 혼란과 기술적 발전에 따른 수용 능력이 부족할 때는 창업자나 선대 경영자의 복귀가 비일비재하다.

스마트폰의 신화를 일군 애플의 스티브 잡스가 좋은 케이스가 된다. 결국 그는 성공적으로 글로벌 디지털 생태계를 바꾸었다. 예를 들면 모든 지구촌 가족이 사용하는 휴대폰은 지금까지 기능과 디자인에 우수한 점수를 받으면 잘 팔려나갔다. 그러나 디지털 세계는 이제 앱을 구동하는 애플리케이션 유무와 다양한 소비자군을 형성하는 것에 승부가 난다. 그렇게 변화하고 그렇게 발전해가고 있다.

따라서 그린레이스가 요구하는 시대적 명제에 기반한 사업성 개발과 투자는 이제 선택사항이 아닌 필수사항이 되고 말았다.

삼성도 이제는 디지털 생태계의 변화와 발전에 대한 고민이 절실할 것이다. '위기는 곧 기회다'라는 말이 빈말이 아니게끔 삼성은 미래전략실 출범을 서둘러야 했을 것이다. 그 맨 중앙에 이건희 회장의 일선 복귀가 자리를 잡고 있다. 이건희 삼성 회장의 경영 복귀 후 첫 사장단회의 주제가 '신수종사업'이었다는 점이야말로 시사하는 바가 매우 크다.

이에 앞서 2010년 3월 이건희 회장의 경영 복귀 일성(一聲)은 지금도 유효하고 있다.

"지금이 진짜 위기다. 글로벌 일류 기업들이 무너지고 있다. 삼성도 언제 어떻게 될지 모른다. 앞으로 10년 안에 삼성을 대표하는 제품들이 사라질 것이다. 다시 시작해야 한다. 머뭇거릴 시간이 없지 않은가."

● 결단의 고뇌와 속전속결

삼성 특검으로 약 2년간 현업을 떠났던 이건희 회장은 경영 복귀 선언 이후 처음으로 2010년 12월 10일 저녁 서울 한남동 승지원 집무실에서 신수종사업 관련 사장단 회의를 소집했다.

이 신수종산업에 관한 이 회장의 메시지는 간단명료했다. 지난해 3월 발표한 메시지와 연계하면 간단명료는 의미부여로서의 무게와 책임부여를 함께 담고 있다.

우선 다음 발언은 3월 복귀 선언 때 상황과 관련이 깊다. 대표적인 글로벌 기업 도요타가 리콜사태로 경영위기를 겪자 이 회장은 경영 복귀 결심을 굳혔다고 한다.

"다른 글로벌 기업들이 머뭇거릴 때 과감하게 투자해서 기회를 선점하고 국가경제에도 보탬이 되도록 해야 한다."

이런 이 회장 발언의 깊은 뜻은 1등 기업일수록 이미 투자한 생산

시설이나 구축한 판매망 등을 고집하다가는 글로벌 마켓 트렌드를 읽지 못해 더 빨리 추락할 수 있다는 경고 메시지를 겸했다.

그동안 이 회장이 주요 선언에서 강조한 메시지에다 최근 경영위기 발언을 다시 보태 보면 그가 신수종사업에 거는 기대가 남다르게 느껴진다.

"지금이 진짜 위기다. (중략) 5대 신사업에 과감하게 투자해 기회를 선점하라."

● 그린레이스의 승자에 대한 기대와 행복

삼성이나 GE와 같은 기업 집단 혹은 복합형 기업(multi business firm)의 존재 의의는 시너지를 발휘하는 데 있다. 그러나 기업 집단에서 여러 사업을 연계해 시너지를 창출하기 위해서 기업 집단의 존재는 필수적이다. 전 세계 기업 집단은 예외 없이 그룹 조직을 운영하면서 시너지를 추구하고 있기 때문이다.

따라서 삼성은 가능하면 기업 집단의 기능이 무엇인지에 따라 재무적 통제를 비롯하여 전략적 통제와 전략적 서비스 모델까지 아우르는 것을 승부처로 삼아야 될 것이다.

왜냐하면 그린레이스에서 승자가 되기 위해서는 최고경영자의 고뇌와 메시지가 현실화되기 위해 조직은 부단한 자기성찰과 기업적 고민이 수반되어야 한다.

글로벌 그린레이스에서 좋은 비즈니스 모델을 구축하고 있는 마스다르에도 삼성의 파워는 접목된 상태다. 삼성SDS를 통해 이미 마스다르와 호흡을 맞추고 있고 실력도 인정을 받고 있다. 하지만 속도에서 빈틈이 보이고 있다. 특히 큰돈이 되는 스마트그리드 부문에서 마스다르는 지멘스와의 협업에 돌입했다. 그러나 마스다르에서 소개한 '샴스 2호와 3호'에서 삼성의 특화된 융합기술들이 접목되고 활용되는 일이 남는다. 그것도 가능하면 속도를 내야 할 것이다.

예컨대 아부다비 최대 일간지 '더 내셔널' 헤드라인으로 나오는 기사처럼 양자가 행복한 결혼을 위한 비즈니스가 가시화되어야 한다. 아니 꼭 그렇게 되어야 한다. 다만 이게 나 한 사람의 바람이 아니길 바랄 뿐이다.

이제 제1장 '지구촌이 함께 뛰는 그린레이스'에서의 결론을 내자면 '녹색성장'이 한국에는 다양하게 넘쳐나고 있다. 이론적인 개념은 풍년을 이루고 있지만 히트상품이 없다는 점이 옥에 티로 남는다. 이를 불식시키고 10년 이후의 먹을거리를 위해서라도 더 많은 생각과 고뇌가 필요하게 되었다.

따라서 국가적 정책을 알면 돈이 보이기 때문에 다음 장에서는 이번 장에 등장시킨 국가(독일과 덴마크)와 기업(마스다르와 삼성)과 중복을 피하면서 다른 나라의 그린레이스 정책을 섭렵해 보자.

삼성그룹의 5개 신수종 사업화 추진계획

시험분야	주요 사업주체	2020년까지 투자	2020년 예상매출	고용 효과	기 타
LED	삼성LED	8조 6,000억 원	17조 8,000억 원	1만 7,000명	생산능력 확충, LED조명 등 강화
자동차 용접지	삼성SDI	5조 4,000억 원	1조 2,000억 원	7,600명	삼성SDI 이미 글로벌 경쟁 력 확보, 시장주도권 강화
태양전지	삼성전자	6조 원	10조 원	1만 명	상반기 10MW 태양전지 생 산라인 구축
의료기기	삼성전자, 삼성전기, 삼성테크윈, 삼성의료원	1조 2,000억 원	10조 원	9,500명	사실상 10여 년 만에 본격 재진출
바이오 제약	삼성전자, 삼성의료원	2조 1,000억 원	1조 8,000억 원	710명	복제약 중심으로 사업 추진

자료: 삼성그룹 등

Chapter 2.

함께 가는 국가별 그린레이스 정책

1 미국 신재생에너지 정책

미국은 제1·2차 오일쇼크를 거치면서 처음 에너지안보에 대한 우려와 대책의 목소리가 나오기 시작했다. 이를 위해 미국 정부는 1978년 국가에너지법(NEA: National Energy Act)을 제정해서 신재생에너지에 관한 정책을 수립하게 되었다.

모든 국가들이 그러하듯이 미국은 국가적 차원의 정책 목표를 달성하기 위해 우선적으로 신재생에너지 개발부터 챙기는 수순을 밟았다.

공공시설규제정책법(PURPA: Public Utility Regulatory Policies Act of 1978)을 제정해 처음 정책적인 법적 조치를 취했다. PURPA를 토대로 모든 발전사업에 열병합발전기술을 활용하고 신재생에너지 사용을 확대함으로써 발전 부문의 진입 규제 완화부터 제도화시켰다. 우선적으로 공공사업자들이 신재생에너지라든가 폐열을 이용하는 데서 법적 뒷받침 구비는 어느 때보다 기대는 컸다.

에컨데 미국은 PURPA를 통해 80MW 이하 용량을 가진 인증된 전력공급회사(QFs: Qualifying Facilities)로부터 전력을 구매하도록 하는 의무구매제도(Feed-in tariff)를 신설하는 등 정책적 보완에도 만전을 기했다. 이로 인해 고효율의 열병합발전 및 신재생에너지 사용 소규모 발전소가 급증하는 결과를 가져왔다.

또한 미국 연방정부는 태양·풍력·지열에너지 등 신재생에너지 생산설비를 구입해 사업자에게 일정비율의 세제혜택을 주는 에너지법(Energy Tax Act)을 구체화시켰다.

특히 1992년에 제정된 에너지정책법(Energy Policy Act of 1992, 2005년 개정)은 미국이 현재 시행하고 있는 생산세액공제제도와 신재생에너지 생산 인센티브제도까지 아우르고 있다.

미국은 화석연료 석유의 소비감축 목표설정을 통해 중장기적으로 석유의존경제(petroleum based economy)에 대한 탈피를 기대했다.

따라서 미국은 이러한 법적 조치와 구비를 위한 각종 정책을 제시하면서 결국 신재생에너지 등 대체에너지 기술개발로 오는 2015년까지 중동산 원유수입을 75%까지 감축시키려는 목표설정을 천명해 두고 있다.

여기까지가 미국의 신재생에너지정책의 근간이 됨을 알 수 있다.

● 추진 배경

글로벌 금융위기 이후 버락 오바마 행정부는 사상 최악의 경기침체로 실업률이 8%를 넘어서자 새로운 에너지산업 육성을 통해 두 가지 에너지정책의 핵심 메뉴를 개발했다.

하나는 일자리 창출이다. 다른 하나는 경제적 위기극복이다.

이러한 정책적 추진 배경에는 새로운 에너지자원의 투자로 지역경제 회복과 21세기형 일자리 창출에 집중하는 것으로 이해할 수 있다.

배경적 사례로는 미국 펜실베이니아의 풍력발전단지 신설을 비롯하여 네바다의 태양에너지 시설 구축과 플러그인 하이브리드 차량 제조 등 신산업의 출현을 가져왔다. 실리콘밸리가 최근에는 그린밸리로 변화하는 모습이 이를 잘 방증시켜 주고 있다.

미국의 신재생에너지 정책에서 두드러진 추진 배경은 크게 세 가지로 요약할 수 있다.

첫째, 오바마 행정부는 경기부양법(ARRA)을 통해 에너지 관련 산업에 총 589억 달러를 집중 투자할 계획을 밝히는 등 의욕적으로 출발하고 있다.

둘째, 대외 의존도를 줄여 에너지 독립을 실현하겠다는 전략적 인식을 증가시키고자 한다. 실제로 미국은 자원대국임에도 불구하고 원유의 58%를 수입에 의존하고 있어 항상 고유가나 위기상황에 노출되어 있다.

셋째, 미국 인구는 전 세계 인구의 4.6%이지만 석유 등 전 세계 에너지의 25%를 소비하고 있다. 이 때문에 재생에너지 위주로 전체 에너지구조를 개편하고 있다.

2007년 기준으로 전체 에너지 비중은 석유 40%를 비롯하여 석탄(24%)과 천연가스(23%), 그리고 원자력(8%)과 재생에너지(7%) 순으로 짜여 있다. 이러한 화석연료 소비를 신재생에너지로 변화시키려는 목적으로 미국 정부는 신재생에너지정책을 추진하고 있는 것이다.

● 정책 현황

경기부양법에서 신재생에너지산업 육성에 209억 달러를 투입해서 실천하고 있다. 하지만 직접적인 보조액 60억 달러보다 감세 지원을 위한 10년간 140억 달러 지원에 초점을 맞추고 있다.

바이오연료 생산을 촉진하기 위해 재생연료의무할당제(RFS: Renewable Fuel Standard) 도입을 법제화해서 실시하고 있으며 2015년부터 신규 차량의 50% 이상은 에탄올 및 바이오디젤 사용을 의무화하고 향후 대체연료할당제로 확대 개편하여 신재생에너지 보급을 극대화하는 정책에 올인하고 있다.

또한 재생에너지의무할당제(Renewable Energy Portfolio Standard)를 설정하였다. 2007년 에너지독립안보법 제정 시 미국 의회는 RPS 15% 의무화를 추진했으나 석유업계의 반발로 삭제하는 진통을 겪었다.

오바마 행정부는 여기에 한 걸음을 더 나아가 2012년까지 전력의 10%, 2025년까지 신재생에너지 25%를 공급하겠다고 약속하고 연방정부 차원에서 정책적인 과제로 이를 이해하고 있다. 실제로 워싱턴 D.C.와 22개 주는 전력생산에서 신재생에너지 사용 비율 25%를 준수하고 있다. 뉴욕 주는 2013년까지 이 비율에 맞출 것을 예시해두고 있다.

● 기술개발정책

버락 오바마 행정부의 에너지부는 에탄올 생산기술개발(Biorefinery Initiative)을 통해 농업폐기물 및 식물연료로부터 에탄올의 추출기술을 2012년까지 실용화시키는 것을 기술개발정책의 주안점으로 삼고 있다.

우선적으로 미래의 에너지기술개발을 위해 과학 및 기초연구에 투자를 확대하고 청정석탄(clean coal) 기술개발 및 보급에 치중하기 시작했다.

이러한 미국의 기술개발정책은 풍부하게 보유하고 있는 석탄을 활용하기 위한 화석연료 기술개발(R&D) 프로젝트에 많은 정책적 지원금을 배정했다. 예를 들면 2009년도 지원 프로그램의 82억 달러에서 34억 달러를 지원하는 등 미국은 다른 어떤 때보다 신재생에너지 기술개발에 목을 매고 있음을 알 수 있다.

다음에 소개한 두 가지 자료를 살펴보면 오바마 행정부가 추진하고 있거나 추진할 기술개발정책에 대한 내용을 알 수 있다.

2009 경기부양법의 재생에너지 지원계획

구 분	지원 프로그램	억 달러	비 고
보 조	재생에너지 시설 및 현대화된 배전기술에 대해 대출보증(Innovation Technology Loan Guarantee Program)	60	600억 달러 이상 지원 가능 전망
감 세	재생에너지 생산세액공제 기간(PTC: Production Tax Credit) 3년 연장('12.12.31까지)	131.43	
	생산세액공제(PTC) 대상 재생에너지 시설 중 '09년이나 '10년에 설치된 것은 30% 투자세액	2.85	풍력발전업체가 10년에 걸쳐 세액
	공제(ITC: Investment Tax Credit)로 대체 가능		공제 대신 즉시 세액공제가 가능한 ITC를 사용토록 허용
	연방정부 지원 시설에 대해서도 온전한 ITC 허용(이전에는 제한적), 소형 풍력 생산업체에도 온전하게 30%의 세액 공제 적용	6.04	소형 풍력 생산업체에는 kW당 500달러로 상한선을 설정해 왔음
	재생에너지 프로젝트가 임시적으로 PTC나 ITC 대신 전체 프로젝트 비용의 30%에서 교부금(Grant)을 청구할 수 있도록 허용('09년이나 '10년 건설이 시작된 프로젝트에 한정)		최근 금융기관 수익성 악화로 금융기관에서 세금 공제를 위해 신청해 온 PTC나 ITC 감소
	청정재생에너지 채권 발급에 16억 달러를 배정하여 비영리기관 등에서 소유/운영하는 재생에너지 시설 건설 파이낸싱 지원	5.78	비영리 기관은 PTC나 ITC 클레임 불가
	주거용 풍력, 지열, 태양열 자산에 대한 공제 상한선을 철폐	2.68	
계		209	

2009 경기부양법의 에너지기술개발 지원계획

구 분	지원 프로그램	억 달러	비 고
보 조	바이오매스, 지열 등 재생에너지를 비롯, 응용 R&D, 데모 및 배치 활동 지원	25	
	국책연구소를 포함한 에너지부 과학국(Office of Science) 재원 공급	20	실험실 투자(16억 달러), ARPA-E(4억 달러)
	화석연료 R&D 프로그램	34	
	국방부 대상 재생에너지 및 에너지 효율성 증가 R&D, 테스트 및 평가	3	
계		82	

2 중국 신재생에너지 정책

13억 인구를 지닌 중국이 '세계의 공장'이 되면서 야기된 각종 환경에 몸살을 앓고 있다. 이를 불식시키기 위해 중국 정부는 잇따라 '친환경 건설국가'에 필요한 고강도 칼을 뽑았다.

중국 정부는 최근 2010년 말까지 환경기준에 미달된 선탄광산 620곳을 폐쇄한 데 이어 에너지 과소비 공장 2,087개소에도 같은 행정명령을 내렸다. 이 같은 조치는 중국이 세계 최대 온실가스 배출 국가라는 오명을 탈피하는 동시에 신재생에너지 정책을 펼치기 위한 시도로 풀이된다.

신화사통신에 따르면 중국 공업정보화부는 시멘트와 철광석, 종이와 염색 등 18개 업종 2,087개 공장을 폐쇄하는 일을 결정지었다. 이들은 대부분 환경오염 배출 규모가 크고 에너지 소비가 많으며 안전요건에 부합하지 못하는 것으로 알려졌다. 우선 폐쇄대상 명단에는 알루미늄 생산업체 차이날코를 비롯하여 철강업체 안강 등 중국의 대표적인 국영기업 자회사들도 포함되어 있다.

공업정보화부는 성명에서 "이번 조치는 생산구조와 기술표준, 국제경쟁력을 향상시키는 것은 물론 산업구조를 전환하기 위한 것이다"라고 말했다.

최근까지 중국 정부는 에너지 효율성을 높이기 위한 조치를 계속적으로 발표하고 있다. 같은 이유로 16개 자동차회사와 합작회사가 생산하는 그린카 한 대당 친환경 보조금 3,000위안을 지원하고 있다. 또 풍력 등 신에너지 분야에 2011년부터 5조 위안을 투자한다는 계획도 함께 발표했다. 중국이 이같이 과감하게 신재생에너지 정책을 펼치는 이유는 5년 전 중국 정부가 한 약속이라는 의견이 지배적이다. 2005년에 이미 중국은 2010년까지 에너지 의존도를 나타내는 '에너지 집중도(국민총생산 1달러당 에너지 소비량)'를 20% 감축하겠다고 천명한 바 있다.

따라서 이러한 중국 정부의 조치는 에너지 블랙홀에서 신재생에너지 국가로의 변신을 서두르는 것에 대한 신호로 보인다.

● 추진 배경

중국은 세계 2위의 에너지 소비국으로 향후 국민소득 증대에 따라 에너지 수요가 더욱 증가할 것이 예상되고 있다. 중국의 에너지 수요는 총 38억 톤에 달해 세계 에너지 수요의 약 20%를 차지할 전망이다. 또한 같은 시기까지 중국의 이산화탄소 배출예상량은 세계총 배출량의 40%를 차지할 것으로 예상된다. 국제에너지기구(IEA)에 따르면 일인당 배출량은 미국과 일본, 유럽에 이어 네 번째를 기록할 것이 예단되기도 했다.

이 때문에 중국은 이미 '11.5차 계획'을 발표했고 이를 통해 10대 에너지 절약 중점 프로젝트와 신재생에너지 추진에 관한 세부사항을 마련하기에 이르렀다.

에너지절약법을 비롯하여 청정생산촉진법과 재생가능에너지법,

그리고 순환경제촉진법 등을 제정하게 된 것이다.

중국 정부는 신재생에너지 부문의 육성을 에너지안보 문제의 해결과 환경문제에 대한 국제사회로부터의 압력 해소뿐 아니라 지역 균형 개발과 신성장동력 창출과 같은 다원적인 효과를 가진 정책으로 인식하고 있다.

● 정책 현황

최근 중국 정부는 신재생에너지 정책의 일환으로 재생에너지를 사용해 발전한 전력공급요금을 우대하고 자금지원과 조세정책까지 구비시키고 있다.

2007년 중국 정부가 발표한 '외국인 산업투자 지도 목록'에는 신재생에너지 분야가 장려산업으로 포함되었다. 구체적으로 재생에너지 발전 플랜트 및 핵심설비제도 등을 통해 신재생에너지 정책을 펴고 있는 것이다.

특히 중국의 신재생에너지 설비 목표를 도표로 살펴보면 수력(1.9억 kW)과 풍력(1.5억 kW) 등 발전용량 확충계획을 세워서 이를 실천하고 있다.

● 기술개발정책

중국녹색기술청(China Greentech Initiative)은 중국 정부의 각종 신재생에너지 정책에 대한 기술적 진흥방안을 제정했다. 여기에서 발표된 자료들을 통해 향후 중국이 신재생에너지 부문 기술개발 정책의 밑그림을 접할 수 있다.

예를 들면 중국과학원이 선정한 10대 기술개발 방향과 정책적 기술우대정책을 가늠할 수 있다.

하나, 고효율 비화석연료의 교통기술(그린카).

둘, 석탄을 청정하고 고부가가치로 이용하는 기술(유동성 연소와 IGCC).

셋, 전력망의 안정 대책(전력망 안전화 기술).

넷, 신재생에너지의 대규모 발전기술(태양광·풍력·수력 등)

다섯, 바이오매스 및 원자재기술(바이오연료).

여섯, 심층지역 공장화 기술(지열).

일곱, 수소에너지 이용기술(수소연료전지).

여덟, 천연가스 하이드레이트(Natural Gas Hydrate) 개발 및 이용기술.

아홉, 원자력발전 및 핵폐기물연료 처리기술(신형 원자력기술).

마지막 열, 발전 가능성을 갖춘 에너지기술 등이다.

결론적으로 중국 정부가 제시한 신재생에너지 기술개발정책의 백미는 향후 2030년부터 2050년까지 '미래단계 구축'을 제정한 일이다.

중국의 경제와 사회 발전 과정에서 필요한 각종 에너지 수요를 충족시키고 다른 한편으로는 구조적으로 석유와 같은 화석연료 에너지에 대한 의존도를 60% 이하로 감소시키려는 계획을 골자로 하고 있다.

중국의 신재생에너지 설비 목표

산 업	2020년 발전용량 확충계획	투자액 (억 위안)	비 고
수 력	1.9억 kW	13,000	
풍 력	1.5억 kW	9,000	
태양광 발전	2,000만 kW	1,300	기존 계획 대비 발전용량 5배 증가
원자력	8,000만 kW		기존 계획 대비 발전용량 약 11배 증가
태양열 온수기	2억 m²	4,000	기존 계획 대비 발전용량 2배 증가
메탄가스	농촌의 6,200만 호에 새로 설치	1,900	
바이오에너지	2,800만 kW	2,000	

3 일본 신재생에너지 정책

일시-2010년 12월 10일.

장소-멕시코 휴양도시 칸쿤(Cancun).

내용-유엔기후변화협약(UNFCCC) 16차 총회.

한국 연평도 사태와 국회 예산안 통과 등 쏟아지는 2010년 12월 뉴스에 밀려 멕시코 칸쿤에서 열린 UNFCCC 16차 총회 소식은 뒷전이었다.

하지만 일본의 신재생에너지 정책을 살펴보는 일에서 이만한 사건(?)이나 뉴스는 달리 찾기가 어렵다. 왜냐하면 신재생에너지 정책의 기반이 되는 기후변화협약이 가지는 의미와 무게는 막중한데 2010년 12월 10일 UNFCCC 총회의 최종 발표문 작성에 즈음하여 일본 정부가 반기를 든 사건이 발생했기 때문이다.

당초 이 회의는 2012년으로 끝나는 교토협약의 뒤를 이을 새 환경협약을 내놓는 게 목표였다. 온실가스 의무감축 대상국을 늘리고 의무감축 목표를 높이는 쪽으로 말이다.

그러나 이번 총회에서는 새로운 협약을 내놓는 문제보다 교토협약을 연장하느냐의 여부가 초점이 되었다. 일본이 교토협약 연장에 반대하고 나선 것이다. 국제환경문제와 신재생에너지 해결을 위해서 그렇게 가보의 보검처럼 교토협약 준수를 외치던 일본이 돌변한 것이다.

1997년 체결된 교토협약은 37개 국가와 EU가 자발적으로 온실가스 배출을 줄이겠다는 협약이다.

문제는 주요 온실가스 배출국인 미국과 중국이 참여하지 않았던 것이다. 지금껏 일본은 이를 참아 왔지만 앞으로는 참지 않겠다는 의지를 이번 16차 총회에서 뚜렷하게 밝힌 것이다.

이러한 일본 정부의 변화는 향후 일본의 신재생에너지 정책 변화의 변수로 작용하는 일이 생길 것임을 의미한다.

이를 감안하고 토대로 삼아 일본 정부의 신재생에너지 정책의 이모저모를 살펴보자.

● 추진 배경

일본은 지구온난화 대책과 에너지 변화에 의한 수입의존도 완화, 신규산업 및 고용창출 기여 등을 아우르는 데서 신재생에너지 정책을 세웠다. 이 정책적 기조는 크게 세 가지 방향으로 나뉜다.

첫째, 녹색전력 활용형 사업의 극대화다.

둘째, 지역 창발형 신재생에너지의 창출 지원이다.

셋째, 새로운 에너지 사업을 담당할 인재 양성 등이다.

이러한 세 가지 정책적 기조를 담아서 지난 2009년 8월 발표한 '장기에너지수급전망' 자료에 따르면 일본의 신재생에너지 비중은 2005년 현재 5.9%로 시작해 오는 2020년 9.0%, 2050년 11.6%로 계획해 놓고 있다.

이를 위해 일본 정부는 태양광발전에서 생산된 전력 가운데 잉여 전력에 대해 고정가격으로 매수하는 제도를 도입해 운영하고 있다. 특히 가정용 태양광 발전시스템 보급을 위해 보조금 외에 태양광발전으로 생산되는 전기 가운데, 쓰고 남는 잉여 전기를 10년간 1kW당 48엔에 매수하는 제도를 2009년 11월 1일부터 시작하고 있다.

이를 통해 일본 정부는 신재생에너지 사용 확산과 특혜 제도를 병행시켜 신재생에너지 정책을 추진하고 있음을 알 수 있다.

● 정책 현황

일본 정부의 신재생에너지 정책은 재생에너지 연구개발(R&D) 및 보급 관련 인센티브를 적용하는 것에서 출발점을 삼고 있다. 예를 들면 지자체와 공공단체를 연계시킨 신재생에너지산업에서 민간사업자 등이 신재생에너지 시설 설치 시 사업비의 1/2 이내를 보조하고 있다. 여기다가 신재생에너지 설비를 설치하는 중소기업의 법인세에서 취득액의 7%까지 세액을 공제해주고 있다.

일본 정부는 장기적 계획을 수립해서 우선적으로 나노구조기술과 광파장확장기술 등 혁신적 기술개발을 준비하고 있다.

● 기술개발정책

일본 정부는 지금까지는 태양광발전과 풍력발전, 바이오매스와 원자력발전 등에서 신재생에너지산업의 파이를 키워 왔었다. 예를 들면 세계적인 원전 기술은 미국 웨스팅하우스가 가지고 있지만 일본 도시바가 이를 기업합병(M&A)을 통해 인수한 바 있다.

때문에 일본 정부는 2009년부터 원자력발전이 안정성에서 크게 인정을 받자마자 이를 기회로 삼아 차세대 원자력발전 개발정책의 중심축으로 가늠하고 있다.

이를 자세히 기술하자면 크게 세 가지로 요약할 수 있다.

하나, 원자력발전은 공급의 안정성과 무탄소 배출이 장점인 점을 기술개발정책의 어젠다로 삼고 있다.

둘, 기존 경수로발전기술의 진보뿐 아니라 2050년까지 혁신적 고속원자로(fast reactor)와 같은 첨단 원자력발전기술의 개발 필요성까지 고려하고 있다.

셋, 원전 기술개발 로드맵을 수립했다.

일본은 현재 55개 경수로발전을 통해 전체 발전량의 30%를 공급을 받고 있다. 2030년에 예상되는 원자로 교체를 위해 안정성 확보와 경제적인 효율성을 제고하는 일에서부터 기술개발정책의 보완·수정을 거듭하고 있다. 우라늄 사용의 효율성을 획기적으로 개선하고 폐기물의 양을 대폭 감축하기 위해 고속증식로기술(fast reactor cycle technology) 개발에 치중하고 있다.

특히 일본은 국내뿐만 아니라 세계시장을 고려하여 세계 표준기술이 가능한 기술을 개발함과 동시에 일본 자체적으로 지속적인 원전기술 개발에 노력하고 있다.

결국 일본 정부의 신재생에너지 정책의 근간은 태양광발전을 비롯한 풍력발전과 함께 원자력발전 등에서 우위 전략을 수립해 이를 실천하는 것으로 이해할 수 있다.

일본 신재생에너지 정책

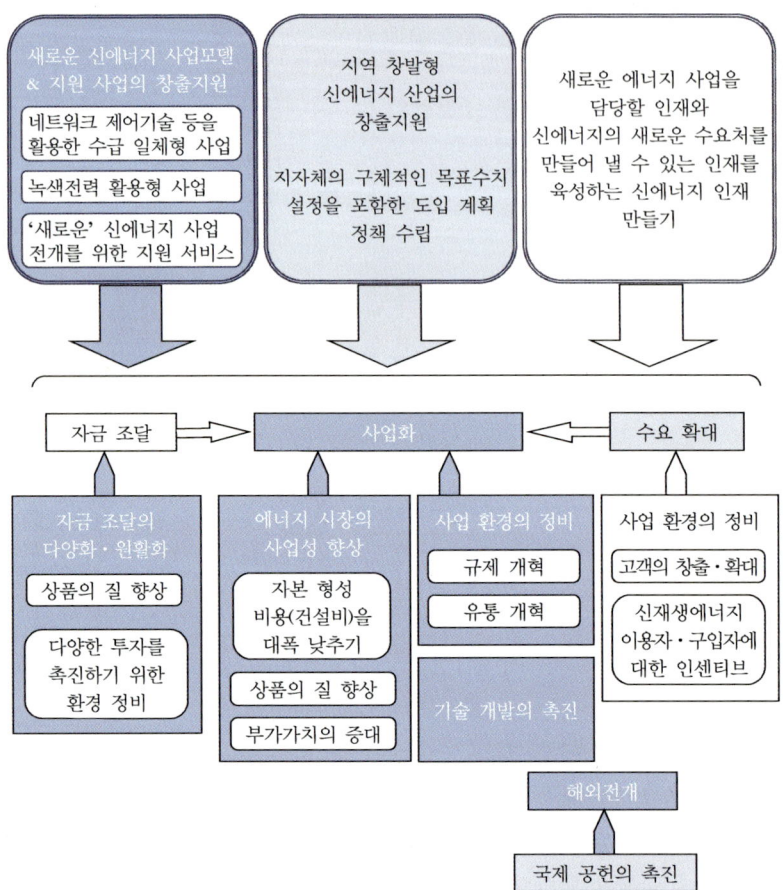

자료: 이이다 데쓰나리, 『자연 에너지 시장』 237쪽

4 영국 신재생에너지 정책

'주스 포인트(juice point)와 프리뷰(Free View)'.

무슨 뜬금없는 화두일까? 무슨 가치도 없는 지적일까? 함께 가는 국가별 그린레이스에서 당치도 않은 주제가 아닌가?

영국의 신재생에너지 정책을 살펴보면서 서두부터 별난 시작일 수 있다. 하지만 그게 사실이자 팩드(fact)다.

이 책이 글로벌 녹색성장 리포트로서의 존재와 가치를 위해 여러 가지 상징성과 교훈성이 내포하고 있다면, 이런 시작의 허용도 필요하지 않을까 싶다.

긴 도움말을 배제해도 한국이 신재생에너지 정책의 완결(?)을 위해 영국에서 직수입해도 좋을 아이템이라는 점을 소개하면 조금은 이해의 구석이 잠재한다.

주스 포인트는 영국의 신재생에너지 정책에서 사실적이고 구체적인 정책 결정물이다. 다른 프리뷰는 2012년 12월에 사라질 한국 아날로그 텔레비전 시대에 이어 새로운 디지털 시대가 가져올 혁명적인 방송문화에서 영국 공영방송국 BBC가 이미 전 가구를 상대로 펼치고 있는 방송시스템이다.

이 두 가지를 그대로 수입하거나 벤치마킹하면 자원빈국 한국의 국부(國富)와 국격(國格)을 한층 업그레이드시킬 대안적 정책이기 때문이다. 따라서 영국이 자랑하는 주스 포인트(공공 충전기)는 신재생에너지 시대를 준비하고 대비하는 영국의 진한 노력이 그대로 묻어 있다.

영국은 관련 기업들과 함께 2006년부터 공공 충전기인 '주스 포인트' 설치를 시작해 현재 런던을 중심으로 500개의 충전기를 이용하고 있다. 영국은 2011년 말까지 공공장소에 1,000개의 충전소를 설치하고 동시에 가정에도 2,000개의 충전기 설치를 계획하고 있다.

주스 포인트는 1년에 75파운드(약 12만 원)를 내면 원하는 장소에서 마음대로 이용할 수 있다.

주스 포인트 활성화에 앞장선 영국 정부의 노력과 실천력은 각종 에너지 정책의 근간이기 때문에 이를 통해서 영국의 신재생에너지 정책을 살펴보자.

● 추진 배경

영국은 북해유전 생산 감소로 2006년부터 에너지 수입국으로 전환되었다. 에너지 해외의존도가 증가해 에너지안보와 기후변화 적응이라는 양대 도전에 대응하기 위해 2007년 5월 '에너지백서(Energy White Paper)'를 발표했다.

2008년 11월에는 에너지백서에 발표된 정책의 구체적인 이행을 위한 '에너지법(Energy Bill)'도 제정해 시행하고 있다. 또 2009년 6월에는 '영국 에너지 전략(UK Renewable Energy)'을 추가시켜서 신재생에너지정책 추진 배경의 골격을 세웠다.

● 정책 현황

영국 정부는 총에너지 사용량 가운데 신재생에너지 비중을 2020년에 15%까지 높이는 법적 구속력 있는(legally binding) 목표치를 설정해 운영하고 있다.

이를 위해 발전 분야에서 신재생에너지 의무할당제(RO: Renewable Obligation)를 제도화시켜 전력공급업체는 매년 일정량(2008년 기준 7.8%, 매년 증가 최대 20%)의 전력을 신재생에너지로 사용하여 공급하도록 의무화하고 있다.

신재생에너지사용의무화(RO) 이행방법은 신재생에너지 의무이행증명서(ROC)를 확보하도록 하는 것으로 실행을 겸했다. 여기다가 발전차액제도(Feen-in Tariff)를 추가시켜 전기 사용 소규모(상한선은 5MW) 재생에너지 발전에 대해서 각종 인센티브를 부여하고 있다.

영국 정부가 추진한 신재생에너지 정책 현황의 백미는 현재의 에너지 믹스 및 정책 목표 시나리오를 현재의 6%에서 30% 수준으로 확대하도록 준비시킨 일이다.

이러한 확대 수준은 다음 도표에서 보듯이 대체연료를 이용한 발전 지역의 수에서도 잘 드러나 있다.

대체연료를 이용한 전기 발전 지역의 수

	Year	Hydro	Wind and Wave	Landfill Gas	Other Biofuels	Total
England	2008	88	219	345	227	879
	2007	87	205	338	217	847
	2006	64	148	324	178	714
Wales	2008	50	42	21	14	127
	2007	49	40	19	11	119
	2006	46	35	17	4	102

- 기술개발정부정책 및 제도

영국 정부는 세계 최초로 2008년 11월 기후변화 관련법을 발효했다. 주요 내용은 온실가스 배출량을 1990년 대비 2022년까지 35%, 2050년까지 80% 감축한다는 것이다.

또 온실가스 배출 억제를 위한 탄소 예산(Carbon Budgeting) 제도를 수립했다. 마지막으로는 감독 및 조언을 담당할 기후변화위원회(The Committe on Climate Change)를 신설한 점이다.

특히 영국 정부가 2005년 지구 온실가스 배출 감축과 녹색기술 개발 및 육성을 위해 민간업체와 함께 설립한 독립기관인 카본 트러스트(Carbon Trust)의 주요 사업 내용이 흥미롭다.

예를 들어 온실가스 감축에 관한 종합적인 컨설팅 제공으로 시작해 녹색 프로젝트의 재정지원과 저탄소 제품과 서비스 사용의 장려, 저탄소에 관련된 신규 사업 발굴과 투자를 통한 새로운 녹색기술 지원 등을 주요 정책으로 삼았기 때문이다.

이 기구를 통해 영국 정부는 대대적인 'Act on CO_2' 캠페인을 벌였다. 우선 가정에 탄소계산기를 제공하여 개인이 얼마만큼 이산화탄소를 배출하며 어떻게 줄일 수 있는지에 대한 정보도 함께 제공하고 있다.

여기까지 나는 영국 정부의 신재생에너지 정책을 주마간산(走馬看山) 식으로 살펴보았다. 돈이 되는 탄소거래제도에 올인하고 있는 영국 정부의 정책적 제안들은 이제 서서히 빛을 발하고 있다.

주스 포인트에서 폭발적인 호응을 이끌어낸 점과 함께 향후 그린카 인프라 구축을 실천하는 일에서 좋은 반응을 얻어낸 것이다.

따라서 제2장의 결론을 내자면 미국을 비롯하여 중국과 일본, 그리고 영국 등의 정부차원의 정책이 기대하는 점은 세 가지로 요약된다.

이산화탄소 감축과 지구온난화 방지, 그리고 기후변화 대응이 기본 골격이 되고 있다는 것이다. 따라서 우리는 각국 정부가 제도화시킨 정책적인 내용과 제안을 살펴서 비즈니스와 연결시키는 일이 미션으로 남는다.

이 미션에는 '각국의 정책을 살펴보면 돈이 보인다'라는 명제와 격언이 포함되어 있기 때문에 최우선적으로 공감과 동조를 보이는 열성을 주문하고 싶다.

따라서 제2장 '함께 가는 국가별 그레이스 정책'은 글로벌 녹색성장의 연구와 보고서로서 한 자리를 차지하고 있는지 모른다.

Chapter 3.

지구촌이 기대하는 신성장동력 아이템

1 태양전지산업의 미래는 희토류 융합기술로부터

희귀금속(稀貴金屬) '희토류'에 대한 관심과 기대는 신성장동력산업을 발전시키는 데 귀중한 원소이다. 이게 화제의 핵심이 되는 이유는 최근 중국이 희토류 수출을 막고 대신 자국 기업의 이익에 치중하고 있기 때문이다.

한국이 10년 후의 먹을거리를 찾아 나선 신성장동력산업에서 태양전지는 태양광발전의 원천적 핵심 원료이기 때문에 그 파장과 관심은 증폭되고 있다.

물론 한국의 현 산업 가운데 중국과 경쟁하지 않는 것은 없지만 미래의 확실한 먹을거리라고 하는 태양광산업의 앞날이 심상치 않다. 중국은 우리의 경쟁상대가 아니다. 각종 통계의 수치상으로 보아도 이미 선도국가로 등극한 지 오래다.

중국의 태양광발전 관련 생산규모는 세계 시장의 50%를 차지하고 있다. 세계 1위 업체로 등극한 썬텍(Suntech)의 지난해 생산규모는 1.5GW로 한국 태양광 전체 1GW를 0.5GW나 초과했다.

썬텍은 실리콘 결정질 태양전지에서 이미 피크와트(peak watt)

당 1달러에 도달했다. 중국 정부의 보조금과 경쟁이 안 될 정도의 저렴한 인건비는 물론이고 원자재부터 모듈까지 수직계열화가 잘돼 생산비용의 최소화에 성공한 케이스다.

여기서부터 태양전지산업의 글로벌 마켓 리서치는 시작된다.

● 글로벌 마켓 리서치

녹색성장의 미래를 기대하는 많은 사람들은 한국이 초정밀 나노기술(10^{-9}m)이 요구하는 반도체산업에서 오랫동안 세계시장을 석권한 경험에 비추어 그보다 쉬운 마이크로 수준(10^{-6}m)의 기술이 적용되는 실리콘 태양전지산업에서 어렵지 않게 글로벌 그린마켓의 승자가 될 수 있다고 판단하고 있다.

그러나 이러한 선입견은 중요한 요소를 간과한 것에 불과하다. 실제로 반도체산업은 소재와 구조가 거의 결정된 상태에서 누가 더 작은 크기의 소자를 더 저렴한 공정으로 생산하느냐에 명암이 갈린다.

하지만 태양광산업은 우선 소재(素材)에 제한이 없다. 소재의 정확한 선택과 원천 소재 기술이 중요할 뿐이다.

더욱이 글로벌 마켓의 90% 이상이 실리콘 결정질 태양전지다. 전문가의 지적에 의하면 한국과 중국업체들은 모두 대동소이한 기술개발전략을 가지고 있다고 한다.

고품위의 기판을 가능한 한 얇게 사용해 소비재를 절감하고 다루기 힘든 후면부보다 전면부 공정기술을 극대화해 생산효율을 경쟁사보다 0.5%라도 더 높이겠다는 것이다.

이러한 지적을 통해서 다시 글로벌 마켓 리서치를 재구성하자면 글로벌 태양광 마켓은 중국의 썬텍과 독일의 큐셀, 그리고 일본의 샤프가 선점한 상태다. 반면 한국 태양광전지기술 수준은 선진국에 비해 60~80%에 그치며 시장점유율도 1% 내외다.

핵심소재와 부품은 대부분 수입해서 쓰는 실정이다. 최근에 들어서야 한국 기업들도 발빠르게 움직이고 있다. 삼성은 결정질로, LG는 박막형 태양전지 개발에 각각 본격 나서면서 선진국을 뒤쫓고 있다.

비록 세계적인 업체들에 비해 연구개발은 한발 늦었지만 이명박 정부의 녹색성장 정책 드라이브에 힘입어 경쟁력 확보에 치중하고 있다.

앞으로의 과제는 기술개발과 보급정책 확장, 그리고 글로벌 마켓에서의 경쟁력 제고를 달성하는 일이다. 가능하면 반도체를 만든 저력으로 태양전지산업에 혁명을 주도하는 일과 병행해서 태양전지산업에 대한 정부의 효율적 지원과 기업이 주도하는 로컬 마켓 형성으로 이어질 수 있어야 한다는 목소리도 없지 않다.

● 글로벌 마켓 트렌드

마케팅에서 트렌드는 과거를 넘어 현재진행형에 점수를 준다. 같은 이치로 태양전지산업의 마켓 트렌드는 미래를 기대하는, 10년 후의 먹을거리를 찾는 일에서부터 진가를 발휘함을 전제한다.

따라서 다음에 이어질 여섯 가지 신성장산업의 라인업에도 이를 적용해서 글로벌 마켓 트렌드에 대한 논의를 계속할 것이다. 여기에 도움말로 오바마 행정부가 제시한 '태양광발전 2030 로드맵'을 소개하고자 한다.

미국 태양에너지산업협회(SEIA : Solar Energy Industry Association)가 주도하는 태양광발전 2030 로드맵은 이 산업의 현황 분석과 미래 전망에 근거한 마켓 트렌드로서 가치와 의미를 더하고 있다.

예를 들면 태양광 기술의 개발과 보급을 국가비전으로 삼아서 이의 달성을 기대하게 만든 로드맵이기 때문이다.

이들의 2030년 목표 제시는 다음 네 가지로 요약된다.

첫째, 시스템 가격을 현재 4.65달러/Wp(2010년)에서 20년 후 2.33달러/Wp(2030)로 낮추는 일이다.

둘째, 발전단가는 3.8센트/kWh를 기대한다.

셋째, 누적 보급량은 7Gp(2020년)에서 200Gp(2030년 — 연간 설치량 19Gp) 수준으로 정한다.

넷째, 고용효과는 26만 명까지 끌어올린다 등이다.

특히 태양광발전시장 육성을 위한 액션플랜은 더 구체적이다. 여기서도 세 가지로 나누어서 액션플랜을 짜고 있다.

첫째, 주 정부 주도의 태양광발전 보급 프로그램의 지원을 강화시킨다.

둘째, 공공 및 민간부문 간의 전략적 협력체계를 수립해서 적용한다.

셋째, 태양광발전 시스템 투자에 대한 세제(稅制) 인센티브제도를 만들어 실시한다. 구체적으로는 10kW 미만 시설의 투자비 중 50% 세제감면(상한: 3달러/Wp)을 정하고 연간 5%씩의 축소를 골격으로 삼고 있다.

● 그린테크 경쟁력

최근 태양광전지산업에 뛰어든 한국기업들은 그린테크 경쟁력을 갖추면서 협소한 로컬 마켓을 뛰어넘어 글로벌 마켓에서 선전하고 있다. 업계 보고서에 따르면 현대중공업과 LS산전 등이 미국 태양광발전시장에 속속 진출하고 있기 때문이다. 이들 기업은 미국 정부가 신재생에너지법인 '아폴로 프로젝트'를 제정하는 등 태양광전지산업을 육성하자 수주 총력전에 나섰다.

한국 기업의 수주 낭보가 들리는 지역은 캘리포니아와 애리조나 지역이다.

현대중공업은 2012년 말까지 애리조나 주 드래군과 코치스 일대에 각각 150MW와 25MW 규모의 태양광발전소를 세운다. 계약금액은 7억 달러이고 발전소 건설에 필요한 태양광 모듈은 자사 충남 음성공장에서 조달한다.

LS산전은 케이앤컴퍼니와 컨소시엄을 형성하여 캘리포니아 코퍼스 일대에 40MW급 태양광발전소를 2012년까지 건설한다. 공사비는 1억 6,000만 달러에 이른다고 한다. 이러한 실질 수주는 한국 기업들이 보유한 기술 등이 그린테크에서 경쟁력을 확보하고 있음의 방증이다.

최근 한국 태양광 기업들의 미국 진출은 부품이 아닌 발전소 수주란 점에서 주목을 받고 있다. 한국은 발전소를 설치할 만한 대규모 용지를 구하기 어렵고 일조량도 들쭉날쭉해 태양광발전소 설치가 제한적이었다.

그러나 국외 태양광발전 시장이 성장하면서 가만히 보고만 있을 수 없는 상황이 벌어지고 있다. 미국 캘리포니아 주는 신재생에너지 비율을 2020년까지 33%로 끌어올릴 계획이다. 업계 관계자는 "앞으로 해외 태양광발전 수주는 더욱 늘어날 것이다"라고 밝히기도 했다.

특히 한국 OCI가 폴리실리콘 공장 증설에 향후 2년간 1조 8,800억 원을 투자하기로 밝혔다. 미국 헴록과 독일 바커, 그리고 한국 OCI 등 상위 3개사 경쟁이 치열한 세계 폴리실리콘 시장에서 다른 업체와의 생산 격차를 벌려 글로벌 선두자리에 오름과 동시에 고순도 폴리실리콘 시장을 선점하기 위해서다.

한국 OCI는 2006년 이 시장 첫 진출 이후 쌓아온 그린테크와 공장 운영 경험을 바탕으로 폴리실리콘 1kg을 생산하는 데 필요한 투자비 수준을 경쟁업체의 3분의 1인 35달러로 낮췄다. 이로 인해 오는 2012년 12월에 이르면 폴리실리콘 시장에서 세계 1위 자리에 오를 것이 예단되고 있다. 이를 위해 전북 군산산업단지 부지에 연간

2만 톤 규모의 폴리실리콘 4공장을 새로 건설 중이다.

● 그린 비즈니스 모델 엮기

여기에 그치지 않고 시장 상황을 주시하던 한국 대기업들도 태양광전지산업 진출을 공식화하기 시작했다.

지난해 6월 삼성전자는 2020년까지 태양광전지 사업에 6조 원을 투자해 매출 10조 원을 올리겠다고 발표했다. LG전자도 지난해 6월 18일 경북 구미시에서 태양광전지 라인 준공식을 갖고 2015년까지 1조 원을 투자해서 매출 3조 원 달성을 공언했다.

한국 대기업이 이제 선두에 서서 이 시장을 향해 투자를 거듭하는 가운데 업계에서는 2013년 후반쯤 화석연료를 이용한 발전비용과 태양광 발전비용이 같아지는 그리드 패리티(Grid Parity) 시대 진입을 점치고 있다.

중국 최대의 태양광업체인 썬텍의 스정룽 회장은 "태양광 발전단가가 급격히 하락하고 있어 3년 안에 일부 지역에서 그리드 패리티가 일어날 것이다"라고 말했다. 머지않아 친환경적이고 무궁무진한 태양광발전시대가 열린다는 의미로 해석될 수 있다.

따라서 이러한 예단과 지적을 종합해서 우리가 세울 수 있는 그린 비즈니스 모델(BM)은 과연 어떤 것이 있을까? 어떤 것을 선택하고 집중하여 글로벌 리더가 될 수 있을까?

결론부터 얘기하자면, 좁은 한국시장에 안주하기보다는 글로벌 마켓에 대한 열정을 키우는 일이다. 태양광전지의 그린테크는 이제 평준화되고 있기 때문에 기술적 경쟁력 확보는 기대난이 될 정도다.

다만 경쟁상대국인 중국을 의식해서 여기에 대한 대비와 그린테크의 미래 전략을 새로 구성하는 일이 과제로 남을 것이다. 물론 설비제조에서 우위전략을 만드는 것도 포함된다.

예를 들면, 2008년 신성홀딩스의 첫 생산라인을 만든 것은 독일 업체였다. 생산장비도 모두 독일제였다. 그러나 최근 가동하기 시작한 3번째 라인은 100% 국산 설비로 만들었다. 제1라인 건설비용은 300억 원이었지만 제3라인은 200억 원으로 줄었다. 제1라인에서 제품을 생산하기까지 걸린 기간은 1년 6개월이었지만 제3라인은 6개월이었다. 이런 설비투자와 소요기간 감축은 곧 비즈니스 모델에 속한다.

● 그린 레드오션과 그린 블루오션 사이

'치킨 게임에 치닫는 태양광전지 세계'와 '첨단산업 태양광 설비는 벌써 구조조정'이 진행되고 있다. 내가 아무리 태양광전지산업을 포장하고 화장시켜도 앞에 두 가지의 안티 상황은 간단없이 전해오고 있다. 아니 끝이 보이지 않게 들려오고 있다.

한국 OCI가 이 시장에 첫 진출한 이후인 4~5년 전만 해도 미국 실리콘밸리에서 최고 유망 업체는 태양광전지 업체였다. 솔린드라와 나노솔라 등이 수억 달러의 벤처투자를 유지하면서 승승장구했다. 이들은 엄청난 자금을 투입해 최근 대규모 생산공장을 건설했다.

그러나 중국 업체의 저가공세에 밀려 생존에 위협을 받기 시작했다. 최근 중국 업체들은 실리콘밸리가 있는 캘리포니아 주 태양광 시장의 40%를 점유할 정도로 맹위를 떨치고 있다.

그러나 이면을 들여다보면 중국 정부는 이 분야에서도 낙후된 생산설비와 낮은 그린테크, 그리고 소규모 업체들의 난립 등으로 매우 골치를 앓고 있다. 중국 공업정보화부에 따르면, 중국은 이미 태양광 모듈의 주원료인 폴리실리콘에서 세계 1위의 생산국가가 되었다. 2010년 말까지 중국이 건설했거나 건설 중인 폴리실리콘의 총 생산 능력은 17만 7,000톤으로 2007년 세계 생산량의 3배나 된다.

더 큰 문제는 중앙정부의 지원만 믿고 지방정부들이 앞다퉈 태양광전지시장에 뛰어들면서 기술 수준이 낮은 싸구려 설비들이 양산되고 있다는 점이다. 상황이 이렇게 되자 중국 정부는 폴리실리콘 설비를 시멘트와 철강산업 등과 함께 구조조정 대상에 포함시켜 기업인수합병(M&A)을 추진하고 있다.

　이러한 사례는 미국과 중국에 국한된 것이 아니라 이미 유럽과 캐나다에서 벌어지고 있다. 그래서 태양광전지 시장에서 들리기 시작한 '치킨 게임'과 '구조조정'은 레드오션와 블루오션 사이에서 제 갈 길을 찾아야 한다는 명분론과 기우론 사이에서 방황하고 있다.

　결국 지구촌이 기대하는 신성장동력의 큰 그릇인 태양광전지 시장에서 승자가 되기 위해서는 이를 반면교사로 삼아 좁은 내수시장을 넘어 글로벌 마켓부터 염두에 두는 일이 더 중요해지고 있다고 본다.

중국 서부지역 주요 태양광발전 기지 위치

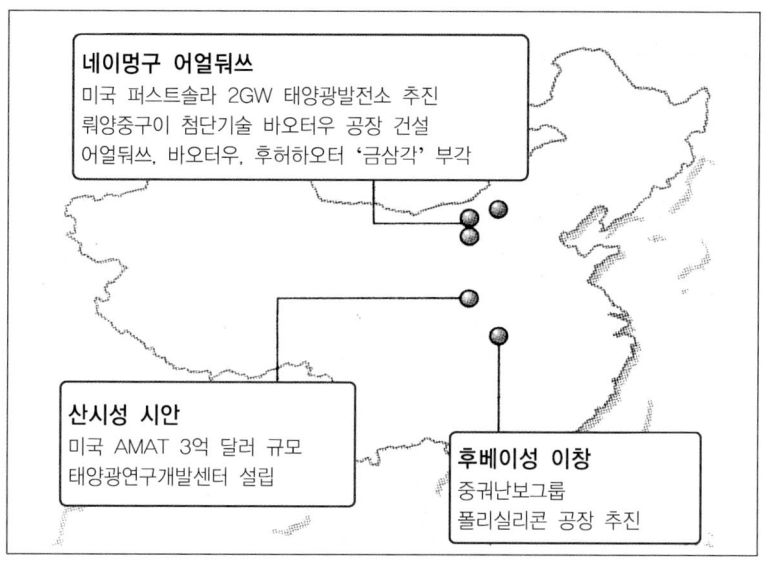

한국 기업의 미국 태양관발전소 프로젝트

기 업	규 모	금 액	지 역
현대중공업	175MW	7억 달러	애리조나 주 드래군·코치스
힌진KDN	60MW	2억 달러	애리조나 주 투손 시
LS산전 케이앤컴퍼니	40MW	1억 6,000만 달러	캘리포니아 주 코퍼스
포스코에너지	300MW	미정	네바다 주 볼더 시(최종 계약 예정)

2 이제 풍력산업은 '젠(錢)의 전쟁' 으로 치닫다

　중국 창장(양쯔강) 삼각주 연해지역 가운데 개발이 비교적 늦은 옌청(鹽城) 시가 최근 들어 엄청난 변화와 변혁의 중심지로 탈바꿈되고 있다.

　한국 기아자동차가 중국 기업과 손잡고 세운 둥펑위에다 기아자동차 공장이 있어서가 아니다. 한국에서 진출한 관련 자동차 부품업체가 많아서도 아니다. 기아자동차의 편의를 위해 옌청 시 당국이 교통표지판에 한글을 많이 넣어서는 더더욱 아니다.

　중국 최대의 풍력발전단지를 조성하여 풍력산업으로 '젠(錢)의 전쟁'을 주도하고 있기 때문이다.

　중국 변방의 옌청이 지금 풍력으로 전 세계의 이목을 집중시키고 있다. 중국 장쑤성 옌청 시 옌두 구 고급신기술단지에 위치한 장쑤화루이(華銳) 풍력발전산업단지에서 말이다.

　옌청 시는 바다에 접한 해안선이 582km로 장쑤성에서 가장 긴 도시다. 장쑤성 전체 해안선에서 56%를 차지할 정도다. 그런 이점을 최대로 활용해 2008년부터 중국 최대의 풍력발전단지를 만들었다.

풍력자원이 풍부한 옌청 시는 화루이 풍력발전산업단지를 '해상의 싼샤(三峽)'로 목표를 삼고 있다.

장쑤성 내 2100만 kW 풍력자원 가운데 70%가 집중되어 있어 자원 조건마저 좋다. 옌청에는 풍력발전소 5곳이 가동되면서 연간 5GW에 달하는 전기를 생산 중이다. 새로 착공하는 풍력발전 설비프로젝트가 잇따르면서 사업 규모는 100억 위안에 달한다는 추산까지 나왔다.

지난해 6월 중국 국무원에서 '장쑤성 연해종합개발계획'이 승인된 이후 리창 옌청 시장은 "지난 1년간 옌청 시가 추진하고 있는 1억 위안 이상인 프로젝트가 18개로 늘었다. 총 투자액도 247억 6,000만 위안이나 된다"고 밝히면서 "고급 신기술 발전을 가속화시킬 것이다"라고 강조했다.

글로벌 금융위기에서도 옌청 시는 풍력발전소 설비의 생산이 연평균 20%가 성장하는 기적을 낳고 있다.

● 글로벌 마켓 리서치

'이제 풍력산업은 젠의 진쟁으로 치닫다'를 강조(?)하는 것은 중국 옌청 시의 급속한 발전에만 국한된 얘기가 아니다.

글로벌 마켓 리서치는 중국을 넘어 미국에서 비롯되고 있음이 더 흥미롭다. 2010년 6월 미국 시카고에서 열린 풍력전시회 '윈드파워 2010'은 각국의 뜨거운 풍력산업 열기를 여실히 보여주었다.

전시회에 나선 기업들은 사흘 동안 1만 명이 넘는 바이어들을 붙잡고 치열한 경쟁을 벌였다.

마이클 로건 GE에너지 전력 담당 매니저는 "윈드파워는 수많은 풍력전시회 가운데 메이저리그에 속한다"고 수장하면서 "거물급 바이어가 많은 데다 최근 풍력산업에 경쟁이 붙다 보니 업체 간 경합이 치열하게 전개되고 있다"고 말했다.

데니스 보드 미국풍력에너지협회(AWEA) 회장은 "윈드파워 2010에 이렇게 많이 참가 업체가 늘어나는 것은 미국 풍력시장에의 관심은 물론 신재생에너지로서 풍력의 위상을 보여주는 확실한 증거이다"라고 강조했다.

실제로 전 세계 풍력 누적 발전용량이 2007년 93GW에서 2008년에는 '마(魔)의 100GW 벽'을 넘어 2010년에는 200GW에 도달했다.

글로벌 풍력에너지 이사회(GWEC) 리포트는 '2008년 풍력터빈 설치액만 365억 유로이고 40만 명이 풍력분야에 종사하고 있다. 오는 2013년에 이르면 풍력 누적 발전용량은 320GW에 달할 것이다'라고 수치로써 구체화시켰다.

미국은 2008년 한 해 동안 누적 발전용량으로 25,170MW(25GW)를 마크했다. 25GW는 700만 가구가 하루 사용할 수 있는 발전 규모에 해당한다.

미국 풍력발전 성장은 버락 오바마 행정부의 강력한 신재생에너지 정책과 맞닿아 있다. 하지만 미국 풍력산업은 아직도 배가 고프다. 전세계 1위이지만 풍력발전 비중은 1.25%에 불과하기 때문이다. 그리고 벌써부터 중국의 공세에 좌불안석이다. 중국 정부는 오는 2020년까지 풍력 누적 발전용량을 30GW까지 키우겠다고 공언한 바 있다.

2008년 설립된 중국 에너지부는 석탄 위주 에너지원을 다양화하는 대안으로 풍력발전을 선택한 것이다. 그래서 풍력산업의 '젠의 전쟁'은 기존의 유럽세인 베스타스와 에네르콘을 비롯하여 최근 미국과 중국이 벌이고 있는 삼강구도(三强構圖)로 가고 있고 동시에 그렇게 진행되고 있다.

그렇다고 해도 풍력의 강점은 태양광발전에 비해 발전단가가 상대적으로 낮다는 사실이다. 하지만 풍력발전기 설치비용이 높은 것은 부담이 된다. 2MW급 풍력발전기 한 대를 세우는 데 30억~40억 원이 소요되고 있기에 더욱 그렇다고 본다.

이게 바로 글로벌 그린마켓의 리서치가 내다보는 풍력발전에 대한 조사보고서가 된다.

● 글로벌 마켓 트렌드

이임순 풍력에너지협회장은 "신재생에너지산업을 키운 것은 7할이 바람이다"라는 평가를 거침없이 토해낸다. 그의 평가에 대한 근거로는 "풍력발전을 기준으로 하면 화석연료와 같아지는 그리드 패리티는 거의 눈앞에 와 있다"는 점을 강조하기도 한다.

이임순 회장의 멘트를 다시 반추해보면 풍력발전의 글로벌 마켓 트렌드를 단적으로 지적한 말로서 상당한 가치와 의미부여가 가능해진다. '7할의 힘'은 국내 풍력발전의 조건을 지칭한 반면, '그리드 패리티' 예상은 글로벌 풍력시장의 미래를 직시할 수 있는 판단으로 해석할 수 있기 때문이다.

그러나 실제 육상 풍력에 대한 비판은 계속 이어졌다. 어마어마한 소음과 프로펠러의 거대한 그림자 탓에 저절로 이맛살을 찌푸리는 경우가 흔하다. 유럽의 풍력발전 선진국들은 이미 오래전부터 그 부작용을 간파했다. 풍력발전기로 인한 자연 훼손과 소음의 피해 등을 파악하고 그 해법을 찾아 나섰다.

해상풍력이 그 답이었다. 이 대안은 육상풍력에 비해 장점이 많다. 무엇보다 용지확보가 용이하다. 육상처럼 타워 높이를 제한받을 필요가 없고 소음이나 자연 훼손과 같은 부작용도 '걱정 뚝'이다.

실제로 세계 제1의 풍력발전 메이커 베스타스가 있는 덴마크는 그 장점을 적극 활용하였다. 1991년 빈데비(Vindeby) 해상에 세계 최초로 450kW급 풍력발전기 11기를 세워서 운영하기 시작했다.

성과는 대만족이었다. 이후 해상풍력산업은 연평균 20~30%씩 성장했다. 2009년에는 EU의 누적 설비용량이 1,900MW로 늘어나면서 풍력발전의 대안으로 해상풍력이 급부상했고 결국 글로벌 마켓 트렌드의 지존이 되어 오늘에 이르렀다.

● 그린테크 경쟁력

풍력발전에서 기술적 경쟁력 확보는 세계 정상의 메이커부터 연상하게 만든다. 예를 들면 덴마크의 베스타스를 비롯하여 독일의 에네르콘(Enercon)은 이미 인정된 기술력으로 글로벌 리더로서 명성을 쌓았다. '품질에 양보가 없다'는 몸짓을 유감없이 발휘하고 있다.

생각을 한국으로 돌려보면 여기에 자기 목소리를 내는 기업이 없는 것은 아니다. 풍력발전 상용화에 팔을 걷어붙인 효성의 경우는 그린테크 경쟁력에서 높은 점수를 받기 시작했다.

최근 독일 지멘스도 두 손을 든 5MW급 해상용 설비에 도전장을 내밀어 성공한 케이스가 되었다. 우선 풍력발전기의 핵심설비인 5MW급 발전기와 급속기, 그리고 발전기를 지상 67m 위로 받쳐주는 철제 몸통인 타워 등은 모두 첨단기술을 갖춘 제품에서 그 진가가 발휘되고 있다.

경남 창원시에 위치한 효성은 초고압 전압기와 차단기, 전동기와 타워 등에서 수십 년간 쌓아온 기술력으로 풍력발전에 뛰어들어 2008년 정부로부터 '해상용 풍력발전 국책과제' 주관기업으로 선정되었다.

효성의 오랜 노하우가 풍력발전 설비에서 빛을 발하고 있는 대표적인 예가 급속기의 성능과 수명을 좌지우지하는 치절(기업의 톱니를 깎는 공정) 및 연마(열처리 후 톱니를 다듬는 기술)이다.

풍력발전기에는 총 14개의 기어가 들어가는데 급속기를 구성하는 기어가 망가지면 바람을 타고 날개가 돌아도 발전기를 돌릴 수 없다.

보통 5MW급 풍력발전기에 내장된 급속기는 날개가 한 번 돌 때 발전기를 125회 회전시킬 수 있다.

특히 효성 기어에서 기술력의 특징은 연마 부위의 표면조도가 세계 수준인 0.4마이크로미터라고 한다. 머리카락 한 가닥의 두께가 약 100마이크로미터인 점을 감안하면 연마장비의 정확도가 어느 정도인지 짐작할 수 있다.

이게 바로 풍력발전 부문에서 효성이 가지고 있는 그린테크의 탁월한 기술력에 속한다. 그래서 독일 지멘스도 두 손을 든 해상용 설비에 관한 기술적 개가로 대접받는다.

● 그린 비즈니스 모델

2011년을 열면서 한국 풍력산업에게 필요한 미션은 그린 비즈니스 모델을 만들어내는 일이다. 선진 외국제품을 모방하는 데 한계를 느끼면서 우리 순수 기술과 우리 제품에 대한 문제와 회의의 본질이 도사리고 있었음을 간파한 결과다.

기대를 함께 충족시킬 수 있는 그런 제품의 출시가 필요했던 것이다. 그러나 이게 말처럼 쉽지 않는 데서 고민은 깊어지고 있다.

하지만 그린 비즈니스 모델에 대한 기대주가 등장하게 되었다. 전남 영광과 전북 부안 앞바다에 원자로 2기 규모(2,000MW)를 웃도는 해상풍력단지가 들어선 것이다. 이는 지난 2010년 10월 초순, 지식경제부 최경환 장관 주제로 전남 영광 원자력발전소에서 해상풍력추진협의회를 열고 '해상풍력추진 로드맵'을 확정지은 결과이다.

로드맵에 따르면 한국 최초 해상풍력발전단지는 3단계로 개발된다. 그 1단계가 오는 2013년까지 5MW급 20기(基)로 구성된 실증단지를 건설해 100MW의 전기를 생산하는 일이다. 한국 정부는 여기서 생산하는 전력을 전북 고창 변전소와 새만금 변전소에 연결해 전국에 공급할 예정이다.

바로 이 대목에서 우리에게 풍력발전에 관한 한국적 그린 비즈니스 모델을 만드는 일이 미션으로 남았다. 미션이란 지구촌 그린레이스에서, 풍력발전 부문에서, 신재생에너지산업 분야에서 한국적 그린테크의 신기원을 창조하고 소화하는 과정에 의해 비즈니스 모델을 만들어내는 일을 지칭한다. 말잔치에 불과한 도상계획이 아닌 실제로 보고 느낄 수 있는 그러한 비즈니스 모델의 제안이 가능할 수 있다는 판단이 든다.

하긴 그린테크에서 비즈니스 모델이 별것인가? 비즈니스 모델이 유럽과 중국, 그리고 미국만의 전매특허일까?

● 그린 레드오션과 그린 블루오션 사이

통상 전기 1kWh 생산비는 태양광이 711원이고 원자력이 38원이다. 반면 풍력은 107원이다.

풍력발전에 관한 소개에서 대비되는 생산비 제시를 통해 풍력발전의 메리트와 가치를 설명하는 데 이만한 가격 제시는 남다르게 느껴질 수 있다.

풍력은 그린 에너지 원자력과는 거리가 있지만 태양광발전과 단순비교해보면 7분의 1 수준임을 알 수 있다. 그러나 최근 일본니케이신문(日本經濟新聞)이 발표한 자료에 따르면 일본 지자체가 건설해 운영하고 있는 풍력발전소의 이익계정은 그냥 죽을 쑤는 정도다. 60%가 적자를 기록하고 있기 때문에 지금까지 일본 지자체에서 건설하던 풍력발전소는 찬밥신세로 전락하고 있다. 이러한 일본 신문매체의 발표에서 미뤄보듯 풍력발전의 레드오션과 블루오션은 극명한 차이를 보이고 있다.

이를 반면교사로 삼아서 시행착오를 줄이고 그린테크에 올인하는 자세와 모습으로 두 간극을 줄여나가는 운영의 묘를 살리는 일이 절대적으로 필요할 것 같다.

풍력자료

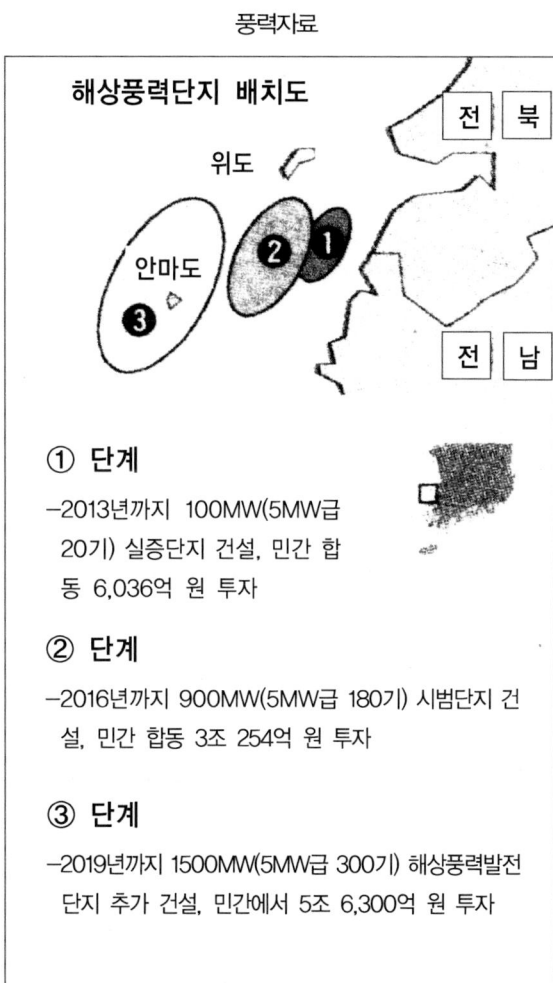

해상풍력단지 배치도

전 북

위도

안마도

전 남

① 단계

–2013년까지 100MW(5MW급 20기) 실증단지 건설, 민간 합동 6,036억 원 투자

② 단계

–2016년까지 900MW(5MW급 180기) 시범단지 건설, 민간 합동 3조 254억 원 투자

③ 단계

–2019년까지 1500MW(5MW급 300기) 해상풍력발전단지 추가 건설, 민간에서 5조 6,300억 원 투자

자료: 지식경제부

3 그린 에너지 원자력이 펼치는 르네상스

1971년 – 한국 최초 원전 고리1호기 착공
1988년 – 경수로용 핵원료 국산화 성공
1995년 – 연구용 원자로 '하나로' 자력 설계
2006년 – 원자력발전소 이용률 세계 3위
2008년 – 국가에너지기본계획 수립(2030년까지 원자력발전소 18
　　　　 기 추가 건설)
　　　　 원자력 발전량 비중 59%까지 확대 예정
2009년 – 아부다비 실라에다 첫 원자력수출 계약 체결

　맨손으로 일으킨 '원자력 독립국' 한국은 원자력산업에서 올해로 31년 역사를 기록하고 있다. 그린 에너지 원자력으로 이제 10년 후의 먹을거리를 향해 힘찬 발걸음도 내딛고 있다. 아니 르네상스 역사를 쓰고 있는 것이다.
　마치 유럽 문명사에서 14~16세기 과학문명의 토대가 만들어져 중세를 근대와 이어주었던 것과 같은 시대적 발전기를 다시 맞고 있다.

르네상스(Renaissance)라는 말이 재탄생이듯 말이다.

앞에서 소개한 연대기에서 유추가 가능하듯 지난 1971년에 한국 최초 원자력 고리1호기 착공으로부터 중동지역 아부다비 실라에 첫 삽질이 시작된 2011년까지 꼭 30년의 원자력발전 역사가 쓰여진 셈이다.

이를 시대별로 구분하면 올해의 원자력발전 시스템은 제4세대에 돌입하고 있다는 얘기가 가능하다.

이를 도식화해보면 다음과 같다.

제1세대(GEN−1) 원자력 시스템
−초기의 원자로로서 경제성이 떨어져 현재 영국에서만 가동 중이다.
제2세대(GEN−2) 원자력 시스템
−현재 운영 중인 대다수의 상업용 원자로가 여기에 포함된다.
제3세대(GEN−3) 원자력 시스템
−표준화 및 개량화하여 안정성과 경제성을 향상시킨 개량형 원자로를 지칭한다.
제4세대(GEN−4) 원자력 시스템
−미국 에너지부가 제시한 '30년 실용화 목표의 차세대 혁신 원자로로서 지속성과 핵확산 저지성 등의 개선을 포함시킨 시스템이다.

지구촌 소비자가 생각하는 원자력발전소에 대한 평가는 마치 동전의 양면과 같이 장점과 단점을 동시에 지니고 있다. 장점은 그린에너지로서 원자력발전이다. 반면 단점은 옛 소련 체르노빌 원전사고와 스리마일 섬 방사능 누출사고 등이다.

이들 원자력발전 대청 시고로 '탈(脫) 원선'이 지배적인 분위기로 자리를 잡았다. 하지만 최근 불안정한 고유가와 온실가스 감축 필요성으로 인해 '러브콜'이 잇따르고 있다. 따라서 그린 에너지 원자력이 펼치는 르네상스를 제대로 파악하기 위해 연도별 한국 원자력발전 발달사와 함께 세대별 원자력 시스템, 그리고 장단점을 살펴보았다.

최근 신재생에너지산업에서 원자력 르네상스 시대는 대세다. 그린 에너지의 대표적 주자이기 때문에 이제는 안정성과 경제성을 기대한다면 원자력발전은 대안이 되고 남는다.

2010년 2월 16일(현지시각).

버락 오바마 미국 대통령이 메릴랜드 소재의 한 전문대학을 방문한 자리에서 발표한 '메릴랜드 선언'은 원자력발전의 르네상스를 예고하는 선언적 메시지였다.

미국은 1979년 펜실베이니아 주 스리마일 섬 방사능 누출사고 이후 31년 동안 신규 원전 건설은 중단되었다. 하지만 메릴랜드 선언을 통해 세 가지 목적으로 이를 합리화(?)시키고 있다.

첫째는 일자리 창출이다.

둘째는 새로운 신재생에너지원으로의 활용이다.

셋째는 미국은 원자력발전을 미래의 주력상품으로 포장시켜 수출산업의 기반을 다지기 위해서다.

• 글로벌 그린마켓 리서치

세계 원자력발전소 현황(2010년 12월 말)은 전 세계 30개 국가에서 총 438기의 원전이 운영되고 있다. 국가별로는 미국의 104기를 비롯하여 프랑스 58기와 일본 54기, 러시아 32기, 그리고 한국은 20기가 있다.

다시 원전 비중으로 세분해보면 프랑스가 75.2%로 가장 높고 다음으로 한국(34.8%)과 일본(28.9%) 등이 있다. 반면 중국의 '2009년 원전 발전량'은 1.9%에 불과하고 인도마저 2.2%로 매우 낮기 때문에 이 두 신흥국가는 원전의 확충에 여지가 많아졌다.

● 글로벌 그린마켓 트렌드

전 세계가 작당하듯 원자력발전에 대한 금기와 안티를 풀고 르네 상스 시대를 여는 데 있어서 동기부여는 물론, 목을 매기 시작한 배경에는 신재생에너지산업의 미래와 직결되고 있기 때문이다. 글로벌 그린마켓의 트렌드라는 잣대를 디밀어 보면 그 이유와 그 가치는 더 극명하게 드러났다.

우선적으로 원자력발전의 부상 원인과 제공 이익을 찾아보면 답은 찾을 수 있다.

하나, 친환경적이다. 온실가스의 최대 배출원인 발전부문에서 원전으로 석유와 석탄과 같은 화석연료를 대체하는 것은 가장 현실적인 온실가스 배출의 감축에서 큰 비중을 지닌다. 실제로 전기 생산으로 인한 이산화탄소 배출이 총 이산화탄소 배출의 25.9%를 점유하고 있기 때문에 큰 비중을 차지한다.

둘, 경제적인 '기저부하'를 꼽는다. 여기서 기저부하란 전력생산을 위해 하루 24시간 계속적으로 걸리는 부하를 지칭한다. 따라서 기저부하발전소란 수요변동에 따른 발전기의 출력조정이 적어 일정 수준의 출력으로 계속 운전되는 발전소를 지칭한다.

특히 원자력발전 비용이 균등화 발전원가(Levelised Electricity Costs)에서 가장 저렴하다는 경제적 측면도 없지 않다.

하지만 치솟는 고유가 시대를 경험한 지구촌 소비자들은 작금의 원자력발전을 안티하기보다는 안정성과 경제성 확보에 흔쾌한 점수를 주면서 이를 적극적으로 도입하고 활용해 마켓 트렌드를 형성하기 시작했다.

예컨대 원자력발전이 향후 신재생에너지산업의 태두로서 큰돈이 되고 큰 산업이 될 수 있다는 판단도 여기에 작용함은 물론이다. 글로벌 그린마켓의 트렌드로서 원자력발전에 대한 부정적인 시각의 변화는 어쩌면 시대적 소산으로 이해되는 대목일 수 있다.

● 그린테크 경쟁력

2010년 7월 15일, 울산 울주군에서 공사 중인 신고리 원전 3호기에 그린테크 경쟁력에 큰 획을 긋는 대역사가 있었다. UAE 수출형 모델인 APR1400의 원자로를 설치했기 때문이다.

이 원자로가 설치된 신형 원자력발전은 기존 한국표준원전 OPR1000보다 오랫동안 많은 전력을 생산할 수 있어 경제성이 크게 향상된 것으로 평가를 받고 있다. 발전용량에서 기존 표준원전은 100만kW급인 데 비해 신형 원전의 발전용량은 140만kW로 40%나 증가했다.

또 신형 원전은 수명이 60년으로 설계되어 기존 모델과 비교해도 20년이 늘어났다. 안전성도 강화되었다. 기존 모델은 단단한 암반 위에 설치해야 지진에 견딜 수 있었으나 신형 원전은 암반이 아닌 다른 지반 위에도 설치할 수 있도록 설계했다.

여기에 그치지 않고 원자로에서 핵연료가 들어가는 노심이 손실될 확률은 기존 모델의 10분의 1 수준인, '10년 만에 1회 미만'으로 낮춰 사고발생 가능성을 크게 줄였다. 특히 원전을 통제하는 시스템 전 과정을 디지털화한 점도 다른 경쟁사보다 앞지른 그린테크의 경쟁력 확보로 평가받았다.

문제는 기술적 자립도에서 100% 완성도를 이룩할 일이다. 아직은 95%에 머물러 있어, 남은 5%인 원전설계코드와 원자로냉각재펌프, 그리고 원전제어계측장비 등에 대한 기술적 완비가 필요하다. 이게 오는 2012년까지 마무리될 것으로 한국수력원자력은 예단하고 있다.

원전발전 분야에서 다른 그린테크 경쟁력은 소형 원자로에서 우선 순위를 달성하는 일이다.

얼마 전 원자물리학으로 노벨상을 받은 스티븐 추 미국 에너지장관은 소형 원자로의 상용화에 대한 주문을 발표했다.

100~200MW 정도의 원자로는 이미 미국과 러시아에서 잠수함이

나 항공모함에서 사용하고 있으므로 기술적으로 검증된 상태다. 또 이를 지상 발전소에 이용하는 데도 큰 어려움이 없다. 따라서 전기 문제로 어려움을 겪고 있는 국내외 제철소나 조선소 등의 업체에서 독자적인 발전시설을 이 소형 원자력발전 설비로 대체하는 방법을 제시한 것이다.

이런 제시야말로 그린테크 경쟁력 확보에서 귀중한 기회이고 국부가 되는 아이템일 수 있다.

● 그린 비즈니스 모델

최근 한국 민영방송국 SBS는 대원엔터테인먼트(대표 정재희)와 손잡고 원자력 관련 TV드라마 '아테나－전쟁의 여신(20부작)'을 방영해 인기몰이에 나섰다. 총 제작비 200억 원을 투입해 이탈리아와 일본 등 6개국을 아우르며 원자력발전을 소재로 삼은 방송작품이다.

이를 토대로 한국이 신성장동력으로 추진하고 있는 원자력발전을 지구촌 소비자에게 소개하는 일에서 비즈니스 모델을 만들어야 한다. 방송매체가 가진 파괴력을 이용한 비즈니스 모델로 홍보전략의 신기원을 이루어내야 할 것이다.

다른 비즈니스 모델은 현재 프랑스가 진행 중인 인재양성 프로그램을 미투하는 일에서 얻어내야 하는 비즈니스 모델이다. 프랑스는 2007년부터 원자력 관련 커리큘럼을 조율하기 위해 원자력에너지교육위원회(CFEN)를 설치해서 좋은 성과를 얻어내고 있다.

프랑스 원전 운영자인 프랑스전력공사(EDF)가 주축이 되어 물리학을 비롯한 원자로와 원자력 운영, 계측제어와 디자인 등 커리큘럼을 통해 국제적 수요까지 예측해서 전문 인재 양성에 임하고 있다.

일본도 문부과학성과 경제산업성이 연계해 원자로물리학과 방사선안전학, 핵연료사이클공학 등 다방면에 걸친 지식을 갖출 수 있는

'원자력 인재 양성 프로그램'을 운영하고 있다.

따라서 한국도 원자력발전을 위한 맞춤형 인재 양성 프로그램을 만들어내는 일에서 비즈니스 모델 개발에 적극적인 모습을 보일 필요가 있다.

원자력발전을 통한 비즈니스 모델이라고 못을 박는 일은 이 세상 어느 천지에도 없다. 가까운 곳에서 해법을 찾아야 한다는 지극히 간단하고 실효성 있는 비즈니스 모델 확보를 금과옥조로 삼아 '아테나―전쟁의 여신'과 '맞춤형 인재 양성용 커리큘럼 활용' 등에서 벤치마킹하면 하나의 대안으로서 그 가치는 무한대가 된다.

● 그린 레드오션과 그린 블루오션 사이

원전 계약을 체결하는 일은 석유 관련 해외 플랜트 계약을 따내는 것과 비교할 수 없도록 여러 가지 난관이 기다리고 있다. 해외의 원전 바이어들은 거의 전부가 정부기관이고 경제와 군사적 강국들과 이해관계가 실타래처럼 얽혀 있고 동시에 맞물려 있다.

이를 푸는 데에 따른 레드오션과 블루오션 간격은 하늘과 땅으로 비교되곤 한다. 실제로 한국은 아부다비 실라에 세워질 원전 계약 이후 많은 경험과 비운(?)에 울어야 했다.

예를 들면 그동안 많은 공을 들였던 인도의 경우 유엔안보리 이사국 추천이라는 국익에 따라 프랑스 아레바 컨소시엄을 지지했다.

베트남 역시 일본 도시바에게 1조 엔 규모의 원전수주를 허락했다. 2010년 10월 30일 일본 간 나오토 일본 총리와 응우옌 떤 중 베트남 총리와의 정상회담을 통해 원전 4기 수주 계약을 체결했다. 두 정상은 향후 희토류 개발과 연구에도 협력하기로 합의하는 등 원전 수주는 한 치 앞을 가늠하기 어려운 양상으로 치닫고 있다.

여기에 중국은 오는 2020년까지 40기에 달하는 추가 건설로 '원전 대국'을 지향하고 있기 때문에 레드와 블루는 단순한 색깔전쟁이 아닌 10년 후의 먹을거리 싸움으로서 우리에게 긴장을 풀 수 없는 양상으로 진행되고 있다.

지난 2010년 1월 25일 한국과 인도는 포괄적경제동반자협정 (CEPA) 발효에 즈음하여 양국 정상이 전략적 동반자 관계를 선언하면서 원전 수주에 청신호를 보였는데, 그해가 가기 전에 프랑스에 러브콜을 보낸 것을 미뤄보아도 원전 수주에 관한 긴장감 배제는 일찍 터뜨린 샴페인과 아무런 차이가 없을 터다.

그래서 더욱 그린 레드오션과 블루오션 사이는 백지장 한 장 차이로 보아도 무방할 것 같다. 중세와 근대를 잇는 르네상스의 진정한 의미는 재탄생에서 비롯되었듯이, 그린 에너지 원자력의 평화적 이용을 통한 글로벌 녹색성장의 미래도 여기에 오십보백보인가 싶다.

제3세대 및 제4세대 원자로의 주요 공급업체 현황

원자로형	개발 국가 및 업체		원천기술보유	원자로 명칭	기술개발
가압 경수로	미국	Westinghouse	○	AP−1000	독자 개발
	프랑스	Areva NP	○	EPR−1600	WEC로부터 기술 사용권 구입
	한국	한국수력원자력	×	APR−1400	미국 EC 기술 지원, WEC, Areva로부터도 기술 도입
	일본	Mitsubishi	×	APWR−1700	WEC로부터 기술 이전
	러시아	AEP	○	VVER−1200	독자 개발
비등 경수로	미국	GE−Hitachi	○	ABWR−1300	독자 개발
	일본	Toshiba	×		GE로부터 기술 이전
	미국	GE−Hitachi	○	ESBWR−1550	독자 개발
가압 중수로	캐나다	AECL	○	ACR−1080	독자 개발

자료: 한국수출입은행, 원자력 산업 동향 보고서, 2010. 01.
　　　세계원자력협회(WNA),Advanced Nuclear Power Reactors, 2010. 04.

제1세대 및 제2세대 원자로의 종류

구 분		냉각재/ 감속재	비등여부	연료	주요국	개량형
경수로 (LWR)	가압경수로 (PWR, WER)	경수/경수	가압수형	저농축 우라늄	미국, 프랑스, 일본, 러시아, 중국	AP 1000, EPR, APWR, APR 1400, VVER 1200
	비등경수로 (BWR)	경수/경수	비등수형	저농축 우라늄	미국, 일본, 스웨덴	ABWR, ESBWR, SWR 1000
	흑연경수로 (RBMK, LWGR)	경수/흑연	비등수형	저농축 우라늄	러시아	
가압중수로(PHWR)		경수/중수	가압수형	천연 우라늄	캐나다	EC 6, ACR
가스냉각로(GCR)		가스 (CO$_2$)/흑연		천연·저 농축우라 늄	영국	
고속증식로(FBR)		액화나트 륨/-		천연우라늄, 플루토늄	프랑스, 일본,러시아	

자료: Energy and the Environment Education Institute, Nuclear 101, 2009. 07.10
World Nuclear Association, Advanced Nuclear Power Reactors, 2010. 04.

4 스마트그리드 제주 실증단지를 아세요?

    용어가 꽤 생소한 '스마트그리드(Smart Grid)', 즉 지능형 전력망이 신재생에너지산업의 달러박스로 떠오르고 있다.

    실제로 제주도 구좌읍에 구축하고 있는 스마트그리드 제주 실증단지를 가보면 확연하게 우리 생활 깊숙이 자리를 잡게 될 미래가 다가옴을 알 수 있다. 스마트그리드 제주 실증난지를 통해 이 시스템이 필연적으로 안착될 수밖에 없는 편익과 미래와의 회우가 가능하다.

    가장 큰 편익과 미래는 석유와 석탄과 같은 화석연료의 고갈(枯渴)이다. 지금의 전력망을 스마트그리드 시스템으로 교체하면 지금보다 적은 전력을 생산해도 에너지를 공급할 수 있어 결국은 화석에너지 고갈의 시기를 늦출 수 있다.

    자연 민주주의 심화와 화석 에너지 고갈의 예측은 국제유가를 급상승시켰고 석유 의존도가 높은 가정과 산업은 변화와 대응책이 없는 한 사유국에 더 많은 달러를 지불하는 고동과 부담에서 자유롭지 못하다.

    다음으로 스마트그리드 적용은 기후변화에 대응할 수 있는 시스템이라는 점이다. 이산화탄소가 많이 나오는 석유나 석탄에 의존할 것이 아니고 태양광과 풍력 등 신재생에너지를 통해 전력공급이 가능하다.

신재생에너지는 이산화탄소 배출이 거의 없어 좋기는 하지만 생산량이 날씨에 따라 들쑥날쑥해 안정성이 부족하다.

그래서 신재생에너지의 안정적 공급을 위해 스마트그리드 시스템이 반드시 필요하게 된다. 한국 정부는 제주도에 스마트그리드 실증단지 구축에 착수했다. 신규 입주 산업체와 가정용 주택 등 6,000여 고객을 시험 삼아 관련 기술 개발에 열을 올리고 있다.

앞으로 이 사업이 글로벌 녹색성장산업에서 달러박스로서 진가와 미래가 가능할 수 있음이 이제 빈말이 아니게 되었다. 한 걸음 더 나아가 가전 업계도 스마트그리드 시스템을 연결하는 연구개발에 국력을 쏟아붓고 있다. 이를 확인할 수 있는 곳이 바로 스마트그리드 제주 실증단지다.

● 글로벌 마켓 리서치

건실한 전력망과 정보기술(IT) 인프라스트럭처를 갖춘 한국으로서는 전력망에 IT를 접목시키면 온실가스 감축과 에너지 절약이라는 두 마리 토끼를 잡을 수 있다.

이 때문에 세계 각국은 스마트그리드 상용화와 표준화에 치열한 경쟁구도로 접어들었다. 대표주자는 미국을 비롯하여 독일과 일본, 그리고 캐나다와 한국 등이 총망라되어 있다. 글로벌 마켓의 규모에서도 2014년이면 2010년과 대비해도 3배인 1,714억 달러에 달할 정도로 눈부신 성장세가 예상되고 있다.

한국 정부는 이런 점을 착안해서 스마트그리드가 신재생에너지산업의 일환임을 확인시키겠다는 의지표현에 따라 2009년 2월 세계 최초로 국가단위의 스마트그리드 실증단지를 건설하고 있다.

강력한 정치 리더십을 발휘하여 천문학적인 예산을 집행해 스마트
그리드 불모지나 다름없는 한국이 지금은 '제주 빅뱅(Jeju Bigbang)'
을 실현시키고 있다.

수많은 관련 국가와 기업들이 제주를 찾는 이유에서도 이를 확인하
기에 부족함이 없다. 더 주목할 부분은 전력 역사상 처음으로 통신·
가전·자동차·건설업종 등 168개 기업이 참여하고 있다는 사실이다.

이러한 한국 정부의 실천의지에 따라 2009년 7월 기후변화 주요
국 포럼에서 스마트그리드 선도국으로 지정을 받아 국제적으로 인
정까지 받아냈다.

2010년 1월 20일, 한국정부는 미국 일리노이 주 정부와 미국 내 스
마트그리드 공동실증과 기술 개발 등을 주요 내용으로 하는 '스마트
그리드 협력 양해각서(MOU)'를 체결했다. 이번 양해각서 체결을 통해
한국은 세계 최대 스마트그리드 시장에 교두보를 확보하게 되었다.

반면 일리노이는 한국기업 투자에 따른 일자리 창출을 기대하게
되었다. 아울러 제주 실증단지를 둘러싼 기업들에 협소한 내수시장
에서 경쟁하지 않고 글로벌 마켓에 진출하는 동기부여가 된다.

● 글로벌 마켓 트렌드

현재 세계는 환경위기와 자원위기라는 두 가지 위기에 직면하고 있
다. 이러한 위기를 극복하고 동시에 경제발전까지 도모할 수 있는 유
일한 해법은 '저탄소 녹색성장'이다. 그 핵심에 스마트그리드가 있다.

하지만 글로벌 마켓 트렌드 측면에서 보면 국가별로 각기 다른 방
법으로 전개되고 있다. 관련 기업 역시 이러한 조건에서 각개전투로
이 사업에 뛰어들고 있다는 점이 옥에 티로 남는다.

하지만 스마트그리드의 글로벌 마켓 트렌드는 크게 세 가지 양상
으로 전개될 공산이 커졌다.

첫째, 기업경영환경의 메가트렌드 출현이다. 예를 들면 알란 무라리 포드자동차 사장과 크레이그 먼디 마이크로소프트 연구 책임자는 미래 스마트그리드에 대한 협의를 계속 이어가고 있다. 그 협의 내용의 핵심에는 스마트그리드가 '융복합(融復合)'이라는 새로운 메가트렌드를 창조하고 있다.

둘째, 국가별로 처한 환경에 따라 스마트그리드가 다양하게 전개되고 있다는 점이다. 미국의 경우 사업추진의 핵심은 노후전력망 교체에 있으며 이를 통해 많은 일자리 창출을 기대하고 있다.

마지막 셋째, 산업분야의 새로운 패러다임 출현이다. 먼저 발전분야에서는 원자력발전 증가와 신재생에너지 증가를 꼽을 수 있다.

풍력과 태양광이 발달하면 어느 곳에서나 전기사용량에 맞도록 전원이 설치와 운영의 구비가 전제조건이 되기 때문에 에너지 이용을 합리화시키는 일이 급속하게 전개될 수 있다. 지구촌 소비자 측면에서도 에너지를 지능적으로 사용하는 가전제품이 출시된다. 따라서 전기자동차와 지능화된 건물 등 혁신적인 스마트그리드 시장이 출현하면서 새로운 글로벌 마켓 트렌드를 형성할 것이 예단된다.

● 그린테크 경쟁력

미국 볼더 시가 스마트그리드 시범사업을 시작한 것은 지난 2009년 3월이었다. 전력전문 업체인 엑셀에너지와 함께 13,000가구에 스마트 미터기를 무료로 설치하면서부터다.

스마트 미터기는 각 가정에서 사용하는 전기량을 실시간으로 체크한다. 언제 전기를 많이 쓰고 언제 적게 쓰는지 알 수 있다. 또 어떤 가전제품이 언제 전기를 많이 사용하는지도 파악할 수 있다. 볼더 시의 스마트그리드는 아직 초보단계이지만 이들을 통한 각종 자료를 데이터베이스화시키고 있다. 이는 미래의 큰 자산이 된다. 이를 토대로 전력 공급망을 탄력적으로 조절하고 운영하는 일에서 경쟁력을 배가시키는 일까지 수확하게 되기 때문에 그렇다.

일본은 에너지 기술혁신계획인 '쿨 어스(cool earth)' 프로그램을 통해 스마트그리드를 구축하고 있다. 중앙 집중형 태양광 마을인 군마현 펠타운이 대표적이다. 이 마을의 가정에는 계량기가 세 개나 달려 있다.

하나는 전력회사에서 전기를 얼마나 사왔는지 나타낸다. 다른 하나는 태양광으로 만든 전기를 전기회사에 얼마나 팔고 있는지를 기록한다. 나머지 하나는 이산화탄소 배출량을 얼마나 줄였는지 알려준다. 이 세 가지 계량기를 합친 게 일본형 스마트 계량기다. 계량기가 분산되어 있지만 이미 스마트그리드 시스템을 갖춘 셈이다.

미국과 일본, 그리고 제주 실증단지에서 펼치고 있는 스마트그리드 세계는 그린테크의 경쟁력을 향해 하루 24시간을 초단위로 쪼개서 쓰고 있음을 알 수 있다.

● 그린 비즈니스 모델

앞에서 소개한 중동지역 도시국가 아부다비와 독일 지멘스가 세계 최초 탄소제로도시 마스다르에서 진행시키고 있는 스마트그리드 사업이야말로 대표적인 그린 비즈니스 모델에 속한다.

왜냐하면 지멘스는 중동지역에서 승승장구하는 GE를 철저하게 연구하고 조사한 다음, 그대로 이를 실천하는 데 달인이 되면서부터 중동지역을 석권하는 메이커로 발전한 사례를 남겼다. 그 비법은 바로 그린 비즈니스 모델을 만들어서 이를 발전시킨 결과가 있기 때문이다.

이러한 성공사례를 그대로 적용해 보면 한국 정부도 스마트그리드에서 이미 비즈니스 모델을 만들어냈다.

2010년 10월에 들어 한국 정부는 스마트그리드 부문에서 세계 최고 기술을 보유하고 있는 미국 국립표준기술원(NIST)과 국제전기전자기술자협회(IEEE) 등과 다각적인 스마트그리드의 기술표준 협력 방안에 대한 논의를 계속했다.

그 결과 두 나라 기관들은 스마트그리드 표준협력체계를 구축하여 이를 통해 그린 비즈니스 모델을 만들어 내는 데 열공(?) 중이다. 그래서 한국 정부는 스마트그리드에서는 제주 실증단지에서 힘을 받고 좁은 국내 시장을 넘어 글로벌 마켓까지 진출하는 수출의 길을 이미 열어가고 있다.

● 그린 레드오션과 그린 블루오션 사이

우리 글로벌 그린 마케터들은 모든 산업에서 비즈니스 모델을 만드는 데 마케팅 기법인 'SWOT 분석'을 곧잘 이용한다. 해당 업계의 글로벌 트렌드를 기준으로 장점·약점·기회·위협과의 조합(matrix)을 통해 전략방향을 도출한다.

이러한 마케팅 기법과 조합으로 다져진 마케팅 이론을 스마트그리드 그린 레드오션과 블루오션에 적용해보면 그 사이, 그 차이, 그 편익까지 도출이 가능해진다. 물론 성공사례와 실패사례 등을 조사하고 연구한 마케팅 작업을 배제하지 않고서 말이다.

이를 토대로 삼아 스마트그리드의 레드오션과 블루오션의 사이를 규명하는 과정에서 한국 정부가 2007년부터 제시했던 홈네트워크산업의 실패사례는 진한 교훈을 주고 있다. 여러 가지 이유와 정책적 판단 미숙에 따른 결과이겠지만, 한국 정부의 글로벌 마켓에 대한 연구와 조사의 불충분도 그 한 원인이 되었기 때문이다.

관련 업계가 국제표준이 충족되지 못한 상황에서 이를 확대해 한국만의 표준으로 글로벌 마켓에 진출한 결과일 수 있다. 따라서 최근 한국 정부가 스마트그리드에서 미국과의 기술표준 협정 체결은 레드와 블루의 사이를 합치는 데 긴요한 정책적 메리트가 다분하게 존재함을 알 수 있다.

현재와 미래의 전력망 비교

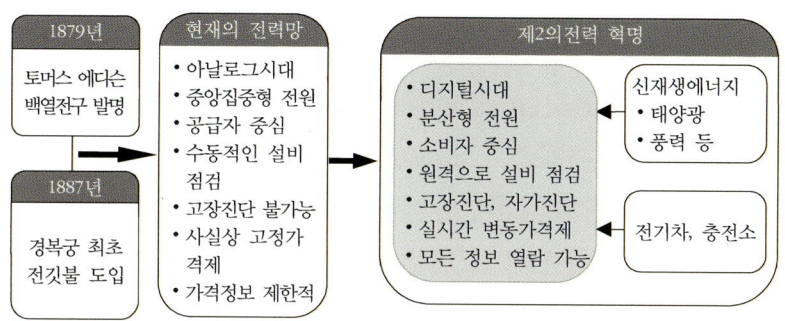

스마트그리드 개념도

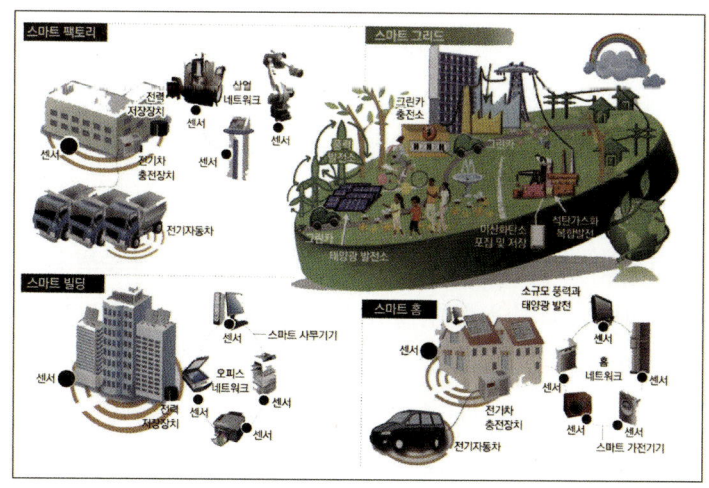

5 이제 그린카가 대세다

   글로벌 금융위기를 겪으면서 시장의 판도가 가장 많이 변화한 업종이 자동차다. 미국 미시간 주 디트로이트는 외국 자동차들과의 경쟁에서 밀리면서 침체일로를 걷고 있다.

   미시간 주에는 제너럴 모터스(GM)를 비롯하여 포드와 크라이슬러 등 미국 3대 완성차 업체의 본사가 있다. 미국 내 승용차 30%와 버스와 트럭 23%가 이곳에서 생산된다. 노동인구 중 3분의 1가량이 자동차 및 관련 산업에 종사하는 곳이기도 하다.

   2008년 9월 글로벌 금융위기를 겪으면서 미시간 주의 주별 총생산 순위는 해마다 추락하고 있다. 2011년 현재 디트로이트 상황은 지금도 불황의 파고에서 벗어나지 못하고 있다. 하지만 최근 GM이 시행한 기업공개(IPO)에 성공하면서 새로운 전기를 마련하게 되었다.

   GM의 그 기대주가 바로 그린카인 시보레 볼트다. GM의 그린카 양산을 위한 배터리 납품업체로 선정된 LG화학이 미국 자동차산업의 심장부인 디트로이트 근교에 2차 전지공장 기공식을 가졌다. 2010년 7월의 일이다.

반면 중국의 경우 이와 대조적인 번영을 구가하고 있다. 특히 중국 우한(武漢)의 중심가인 한커우에서 창장 상류쪽으로 15km 떨어진 곳에 위치한 우한경제기술개발구는 중국 자동차산업의 메카로 통한다.

우한을 대표하는 경제기술개발구를 들어서면 온통 혼다와 푸조시트로앵 등 중국 등펑자동차와 협력관계를 맺은 외국 자동차 회사 간판이 즐비하다. 올해 중국 자동차 목표인 1,500만 대 가운데 우한에서 150만 대를 만들 계획까지 세워두고 있다.

중국은 '한물간 자동차의 전시장'이란 말을 무색하게 할 만큼 개발구에는 그린카로 더 큰 자동차 부흥을 꿈꾸고 있다.

한국에서도 투자를 주저하고 있는 그린카가 미국과 일본 선진국을 떠나 중국에서 양산체제에 들어와 있다는 사실이 믿어지지 않을 정도다.

일찍이 한국 기아차와 중국 등펑웨다와 합작으로 세웠던 그레이스 봉고차 조립라인 자리는 혼다자동차 간판으로 바뀐 지 오래다.

2010년 8월, 중국 공업정보화부는 '사동자와 전기차 산업발전계획(2011~2020년)' 초안을 내놓으면서 향후 10년 동안 그린카 양산을 위해 1,000억 위안(약 17조 2,000억 원)을 투입하겠다고 발표했다.

중국은 향후 2020년까지 그린카를 매년 300만 대로 끌어올리겠다는 것이다. 또한 중국 내 지정도시에서 그린카를 사면 대당 최대 6만 위안(103만 원)의 보조금을 지급하겠다면서 화끈한 지원방안까지 내놓았다.

이를 두고 중국에 진출한 외국 자동차 메이커들은 반기는 분위기였으나 초안의 잉크가 채 마르기 진에 중국 공업성보화부는 '그린카를 팔려면 핵심기술을 내놔라'를 노골적으로 표현하기 시작했다. 이제 그린카 시장이 대세임을 강하게 어필시키면서 말이다.

● 글로벌 마켓 리서치

중국 공업정보화부의 그린카 진흥계획이 발표된 지 꼭 한 달 만인 9월 9일, 청와대에서는 국산 1호 고속 그린카 '블루온(Blue On)'을 이명박 대통령이 손수 시승했다.

이명박 대통령이 시승한 블루온은 현대자동차의 유럽형 경차 'i10'을 기반으로 개발한 소형 그린카다. 현대자동차와 한국 내 43개 자동차부품사가 협력한 작품이다.

블루온은 13.1초 만에 최고 시속 130km의 속도를 낼 수 있는 '고속 그린카'로 단 한 번의 충전으로 최고 140km를 쉬지 않고 달릴 수 있다.

고속 충전에 필요한 시간은 단 25분이다. 개발 시기는 2010년 일본 미쓰비시자동차에 이어 세계 두 번째이지만 주행거리와 충전시간, 그리고 모터출력 등 대부분의 사양이 미쓰비시의 아이미브(i-MiEV) 그린카보다 우월해 세계 최고라는 평가를 받았다.

하지만 블루온의 출시는 미국 GM의 시보레 볼트와 미쓰비시자동차의 아이미브 등이 그린카를 선도할 것이 예단되면서부터 생긴 대책의 결과다.

한국 정부가 2009년 10월 '전기자동차 활성화 방안'을 내놓은 것도 이런 배경에서다. 자동차 패러다임이 바뀌는 과정에서 뒤쳐지면 끝이라는 위기감이 반영되었던 것이다.

한국 정부는 오는 2015년까지 세계 자동차 시장의 10%까지 점유하고 2020년까지 국내 소형차의 10% 이상을 그린카로 보급하는 등, '글로벌 전기자동차 4대 강국'의 위치를 선점한다는 야심찬 계획을 발표한 바 있다.

그러나 일반 소비자가 그린카 블루온을 타기까지는 적어도 2~3년이 더 걸릴 것으로 보인다. 현 수준에서 그린카의 가격은 동급 가솔린카보다 최대 4,000만 원 이상 비쌀 것으로 전망되기 때문이다.

여기까지가 글로벌 그린카의 마켓 리서치를 아우르는 일반적인 정보이자 시장 상황이다.

● 글로벌 마켓 트렌드

글로벌 트렌드 그린카로 크게 주목을 받는 곳은 독일 메르세데스 벤츠와 중국의 그린카 연합군 출현 등이다.

글로벌 그린카의 트렌드에 관한 설명과 교훈이 그대로 녹아있다. 우선적으로 그린카에 관한 글로벌 마켓 트렌드를 제대로 이해시키는 일들이 두 곳에서 전개되고 있다.

최근 디터 제체(Zetsche) 메르세데스 벤츠 회장은 세계 언론매체와의 한 인터뷰에서 이렇게 정리하고 있다.

"그린카 개발은 이제 피할 수 없는 과제이자 대세이다"라면서 "미래 자동차산업의 궁극적인 목표는 배출가스 없는 차량이다"라고 강조하기를 주저하지 않는다.

그의 강조는 여기서 끝이 아니었다.

"우리는 구체적으로 그린카와 수소연료차 등 두 가지 미래형 자동차 개발을 위해 매진할 것이다. 두 분야에서 아직 어려운 점이 많지만 잠재 성장력이 높다고 확신한다. 또 우리는 그린카의 대중화를 위해 배터리의 주행거리를 늘려야 하고 충전 시간이 짧아져야 하는 등 기술적 개발에 혼신을 다하고 있다."

특히 그는 인터뷰 말미에 그린카에 대한 이런 조언과 전망을 내놓고 있다. "향후 그린카 미래에서 한국이 매우 중요한 위치에 있다. 중국은 세계 자동차산업의 주류에 진입하기 식전이고 인도가 다음 차례를 기다리고 있다."

이제 다시 다른 그린카의 미래가 그려지고 있는 글로벌 마켓 트렌드를 알아 보자. 배경은 중국이다.

2010년 8월, 중국은 그린카(중국의 명칭은 전기자동차) 개발과 생산을 위해 16개 국유기업이 참여하는 '중국 전기자동차 연합군'을 결성했다. 개별 기업이 각자의 자금으로 막대한 연구개발(R&D)에 출혈 경쟁하는 각개전투를 피하고 중국 정부가 산파(産婆)로 나서 자국 그린카산업을 적극 육성하겠다는 것이다.

중국 언론매체들은 8월 19일자 보도에 '16개 국유기업이 뭉쳐 국가대표급 전기차 연합군을 만들었다'고 전하고 있다.

베이징에서 연합군 서명식을 마치고 세 가지 협약을 공포했다.

하나, 그린카 기술과 제품을 공동으로 개발한다.

둘, 기술표준을 통일시킨다.

셋, 그린카 관련 국유기업 자원을 공동 활용한다.

이번 연합군 결성과정에는 중국 국무원 산하 기구인 국유자산관리위원회가 직접 나섰다. 이 연합군의 멤버는 이치(一氣)자동차그룹과 둥펑(東風)자동차그룹을 모태로 전력업체(국가전력망)와 석유화학업계(중국석유천연가스그룹), 군수업체(중국바오리그룹)와 연구원(중국유색금속연구총원) 등이 총망라되어 있다.

이러한 사실이 알려지면서 동시에 그린카에 관한 중국의 배짱이 그렇게 진행됨을 알 수 있게 했다. 앞에서 소개한 대로 '그린카를 팔려면 핵심기술을 내놔라'라고 말이다. 역설적이게도 이게 그린카의 글로벌 마켓 트렌드를 형성한 단초 제공이라는 점이 매우 인상적이 아닐 수 없다.

● 그린테크 경쟁력

그린카에서 그린테크 경쟁력을 그대로 살린(?) 일이 이명박 대통령의 블루온 청와대 시승이 있던 날로부터 5일 후에 있었다. 2010년

9월 14일, 국내외 미디어 종사자를 상대로 현대자동차가 경기도 화성시 소재 남양연구소에서 시승회를 주최한 것이다.

이를 취재한 국내 한 언론인의 시승 일기를 다시 패러디해 보면 그린테크 경쟁력의 본질과 현장 안내, 그리고 같은 무게로 이해의 폭을 넓힐 수 있다.

시승 일기는 이렇게 시작하고 있다.

연구소 내 주행시험장 한쪽에 경차 모닝과 비슷한 크기의 푸른색 블루온이 충전을 기다리고 있었다.

그린카 전용 380V 급속 충전기에 달려 있는 충전 케이블을 충전구에 꽂고 신용카드를 갖다 대자 은행 현금인출기처럼 버튼이 떴다. 500원어치만 충전하겠다고 숫자를 직접 입력하니 현재 배터리 잔량이 45%며 앞으로 충전까지 10분이 소요된다는 정보가 점멸했다. 단돈 500원어치 충전에 배터리는 금세 충전율 60%를 넘겼다.

'그린카는 다르구나' 하는 느낌은 모터를 돌려봐야 알 수 있다. 시동을 커자 GM이 출시한 시보레 볼트가 그러하듯 여느 그린카처럼 고요하기 이를 데가 없다. 이 때문에 보행자 보호를 위해 집어넣은 인공 엔진음이 윙윙 나직하게 들린다.

직선주로에서 엑셀러레이터 페달을 끝까지 밟자 디지털 속도계가 빠르게 오르더니 최고속도 130km까지 내달리는 야무진 힘이 품어져 나왔다.

배터리가 엔진 역할을 하는 그린카는 하이브리드카처럼 가속 시 배터리에서 에너지가 나와서 감속 에너지를 알뜰히 모아 쓰는 시스템을 적용하고 있다.

경제성은 최대 강점이다. 한국전력에서 발표한 전기차 전용요금(심야기준)으로 계산하면 월 7,200원이 된다. 연간 8만 6,400원밖에 들지 않는다. 동급 가솔린차량보다 연료비가 92만 4,000원 싸다는 계산이다. 그러나 그린카의 대당 가격은 5,000만 원에 달하고 있다. 더 큰 걸림돌은 충전 인프라스트럭처다. 실제로 충전코드가 일반 가정에서는 대용량 전력을 감당하기가 힘들다는 점에서 자유롭지 못하다.

따라서 향후 그린카 메이커는 이 점에 대한 보완과 기술적 구비를 가미하는 노력을 쏟아야 할 것 같다.

● 그린 비즈니스 모델

그린카의 비즈니스 모델에서 한눈에 들어오는 일을 소개한다. 이스라엘에서의 소식이다. 이게 마케팅에서 큰 점수를 받는 '틈새'와 '차별성'을 살려내고 있어서다. 그냥 살려내는 것을 넘어 그린카 시대를 일찍이 예측해서 만들고 있었기 때문이다.

샤히 애거시(Agassi) 프로젝트 베터 플레이스 사장이 그 주인공이다. 이스라엘 벤처기업 출신인 애거시 사장은 그린카 시대에서의 새로운 모델을 제안하기 위해 발상의 전환을 고려대상으로 삼은 게 대박의 단초가 되었다.

예를 들면 녹색성장 시대가 요구하는 그린카를 제조해 판매하는 일에서 진일보한 개념으로 휴대폰 개념을 그린카에 적용한 것이다. 그는 그린카의 비즈니스 모델을 간결과 비전이 묻어나게 한마디로 설명했다.

"지구촌 소비자에게 공짜로 그린카를 보급하는 대신 이동통신업체처럼 이용료를 받는 것이다."

이러한 애거시의 제안과 비전은 이제 700만 인구를 지닌 이스라엘에서 범국가적 '그린카 프로젝트'로 정착단계에 이르렀다. 이스라엘 그린카 대중화 계획은 국가 차원에서 가솔린 차량을 전기자동차로 전환하는 최초의 사례를 기록하기도 했다.

국가가 나서 곳곳에 배터리 교환소를 설치하는 데 적극적이어서 이스라엘 그린카 프로젝트는 유명세를 탔고 결국 그린카 비즈니스 모델의 교과서로 등재 될 수 있었다.

다른 그린카의 비즈니스 모델은 그린카 보급에 따른 연관 산업을 통해 찾아내어 이를 기업화하는 일이 필요하다. 예를 들면 그린카를 통해 자동차 부품산업은 내연기관에서 전기모터로, 소재산업은 금속에서 합성 소재로, 에너지산업에서는 가솔린 및 디젤에서 전기로, 금융산업에서는 할부 대출에서 리스로 선택과 집중을 하여 비즈니스 모델을 만들어 내야 한다는 것이다.

도움말로는 그린카는 선진국의 소형차 소비자들을 주요 타깃으로 삼아야 할 것으로 보인다. 특히 교통 혼잡도가 높은 뉴욕·파리·도쿄·서울 등의 대도시에 살면서 세컨드 카(second car)가 필요한 사람들은 그린카의 실용성에 크게 주목을 할 것이다.

● 그린 레드오션과 그린 블루오션 사이

자동차는 고관여 상품군(群)에 속한다. 더 나가서 소비자의 생명과도 밀접한 관계를 지니고 있다. 이러한 두 가지 마케팅 배경을 미뤄 보면 자연스럽게 레드오션과 블루오션 사이에서 발생되는 관계 설정부터 챙기고 연구해 보면 좋은 결과물이 나올 수 있다.

그린카가 일반 대중화되기까지는 아직도 많은 시간과 시행착오, 그리고 정부의 대폭적인 지원 등이 고려대상으로 남는다.

이를 글로벌 녹색성장 차원으로 승화시키려면 새롭게 우리만의 성공 공식을 만들고 이를 구체화시키기 위해 산학관연(産學官研)이 머리를 모아 그린카 시대를 대비하는 일에서부터 그 발전적 단초를 풀어야 할 것이다.

전 세계의 배터리 시장 규모는 2020년에 60조 원을 예상하고 있다. 고효율 전기모터도 2020년에 이르면 30조~30조 원 시장이 형상된다고 한다.

자원빈국 한국이 향후 10년 후의 먹을거리에서 그린카가 달러박스라는 점에 직시한 것도 바람직한 미래 로망이 될 수 있다. 2020년은 올해로 꼭 10년 후가 아닌가?

현대차 블루온과 미쓰비시 아이미브 사양 비교

블루온(BlueOn)	비 교	아이미브(i - MiEV)
3585×1595×1540	제원(mm)	3395×1475×1610
61	모터출력(kW)	47
13.1	100km/h 도달시간(초)	16.3
16.4	배터리용량(kWh)	16.4
140	1회 충전 주행거리(km)	130
6시간/25분	완속/급속 충전시간	7시간/30분
130	최고속도(km/h)	130

자료 : 자식경제부

6 LED(발광다이오드), 누구냐, 넌?

〈사례 1〉

2010년 6월 30일.

장소는 도시국가 싱가포르. 행사명은 '2010 세계 도시 정상회의'.

이 정상회의에서는 세계 각국 도시의 지속가능한 발전을 위한 제안들이 봇물을 이루었다. 이 회의에서는 20여 개의 산업전문가와 정책입안자들이 모여 '살기 좋은 도시 만들기'를 주제로 삼았다.

여기에서 소개된 사례들은 대강 세 가지로 요약된다.

하나, 영국 리즈 시는 가로등을 백색조명으로 바꾼 이후 범죄율이 30%가량 줄어드는 효과를 보았다.

둘, 독일 뮌헨 시에서는 학교 조명 시스템을 LED(Light Emitting Diode) 소재로 바꾸자 학생들의 읽기 속도가 35% 향상되었고 실수는 40%나 줄어들었다.

셋, 사이먼 테이 싱가포르 국제연구소 소장은 "고급 인력을 유치하기 위한 도시의 경쟁력이 중요하다"고 전제한 다음, "조명은 이를 위해 꼭 필요한 요소 중 하나다"라고 밝혔다. 결국 조명은 도시의 안전 및 에너지 문제와 연관이 깊으며 도시의 경관을 좋게 만들기 때문에 도시 마케팅에서 더없는 재료가 된다고 역설했다.

이러한 사례가 설득력을 얻는 것처럼 최근 유엔의 보고서에 따르면 도시는 세계 에너지의 75%를 소비한다고 강조했다. 이 가운데 건물이 조명 사용에 따른 전기 소비의 60%를 차지하고 가로등은 15%를 소비한다고 주장했다.

현재의 조명을 혁신적인 고효율 조명으로 바꾸면 최대 40%까지 에너지 소비를 줄일 수 있다고 수치로도 밝혔다. 이는 아시아 및 태평양 지역에서 5억 5,500만 배럴의 석유를 아낄 수 있는 양에 해당한다.

특히 이번 회의에 참석한 올리비에 피콜린 필립스 조명사업부문 아태지역 사장은 "가로등과 거리등을 LED로 교체하면 에너지와 유지관리비를 함께 줄일 수 있으며 야경까지 아름다워져 도시의 브랜드 가치를 상승시킬 수 있다"고 말했다.

〈사례 2〉

2010년 10월 1일.

장소는 중국 상하이 '국제 LED산업 기술전시회'.

중국 조명 디자이너와 엔지니어들로 전시장은 만원사례였다. 조명의 글로벌화가 진행되는 기술적 현장을 그대로 드러냈다. 이러한 추세는 중국 정부의 뒷받침에 의해 'LED 대국으로'를 실감시키는 대목에 해당한다.

이 전시장의 공식 카탈로그에 소개한 자료는 더 고무적이다. 크게 네 가지로 요약하고 있다.

하나, 중국 LED 조명시장 규모는 300억 위안(2009년 통계 수치).

둘, 조명 회사 수는 약 6,000업체.

셋, LED 조명 핵심칩 국산화율 46%.

넷, LED 관련 제품 생산량은 820억 개.

이를 지켜본 서울반도체의 최보원 판매국장은 "중국은 5년쯤 후면 LED 원천기술을 가진 선진국 업체들과 기술을 공유해 세계 최대와 세계 최고의 LED산업 국가로 부상할 것이다"라고 밝혔다.

● 글로벌 마켓 리서치

싱가포르와 중국의 사례에서 보듯이 글로벌 녹색성장산업에서 LED산업이 미래지향적인 산업으로 발전하고 있음을 볼 수 있다.

동시에 글로벌 마켓에서 LED의 변신과 발전을 통한 마켓 리서치로서 가치부터 지닌다. 지금은 LED 조명이야말로 전자제품디스플레이 이용에서부터 일반 조명을 대체할 수 있는 램프 분야까지 확산하는 계기가 현실화되고 있기 때문이다.

그러나 한국 LED시장은 사정이 다르게 진행되고 있다. LED 업체의 난립으로 심각한 경쟁상태로 치닫고 있어 이대로는 국제경쟁력을 갖기 어려울 수 있다는 기우의 목소리도 들리고 있다. 다만 삼성LED와 LG이노텍 등의 대기업들이 글로벌 마켓 리서지에 고무(?)되어 선전하는 모습에서 기대와 우려를 함께 맛보게 된다.

여기서 기대는 튼튼한 자금력을 바탕으로 필립스와 같은 글로벌기업으로의 등극에 대한 기대이고, 우려는 대기업과의 상생협력을 얻어내지 못한 중소기업들의 입지가 갈수록 좁아지는 과정이 각종 언론매체를 도배하기 시작한 것이다.

● 글로벌 마켓 트렌드

소비자 트렌드 조사업체 '트렌드 워칭 닷컴'이 2011년 유행할 소비자 트렌드를 발표했다. 영국 런던에 본부를 둔 이 회사는 전 세계 1,200개 기업에 트렌드 리포트를 제공한다.

이들의 보고서를 살펴보면 글로벌 녹색성장산업과 밀접한 리포트로 LED산업과 관계 있는 내용도 두 가지나 포함시키고 있었다.

하나는 글로벌 소비자는 친환경적인 동시에 기존 제품보다 성능이 월등한 제품을 원한다. 전기를 쓰지 않고 오직 중력만으로 물을 거르면서 디자인까지도 멋진 아쿠아오버사의 정수기를 선호하고 있다.

다른 하나는 버스 정류장마다 태양전지와 LED가 조합된 제품이 국격을 높이고 있다. 네덜란드 암스테르담 시 렘브란트 광장에 세워진 버스 정류장 모습을 소개했다.

유리로 된 비가림막에 태양전지를 설치하고 위에는 에너지 효율이 높은 LED 조명으로 안내판 효과를 내고 있었다.

런던 트렌드 워칭 닷컴이 소개한 대로 LED 조명의 글로벌 트렌드는 일반 가정을 넘어 국제도시의 얼굴까지 바꾸는 데 일조하고 있다.

모든 관용차를 그린카로 바꾸어서 운영하는 일에 솔선수범을 보인 농업강국 네덜란드의 변신은 한마디로 저탄소 녹색강국 변신으로 거듭남을 보여주면서 또한 좋은 길라잡이가 된다.

● 그린테크 경쟁력

한국의 서울반도체가 세계 최대 전자부품박람회 '일렉트로니카 2010'에서 화끈하게 그린테크 경쟁력을 과시했다. 유럽에 부는 한국의 녹색바람을 일으킨 결과다.

이번 박람회의 테마는 '자동차'와 '환경'이었다. 참여 업체들은 저마다 자동차 조명을 들고 나왔다. 독일이 자랑하는 세계 최대의 조명업체 오스람은 행사장에 가장 큰 전시공간을 꾸미고는 아우디 승용차를 통째로 올려놓았다.

한국의 서울반도체도 이탈리아의 고급 경주용차 알파로메오와 현대자동차에 쓰이는 LED 조명을 선보여 눈길을 끌었다. 실제로 서울

반도체는 LED로 직접 헤드라이트와 가정용 조명등 등은 제조하지 않는다. 필립스나 오스람처럼 완제품과는 거리를 두고 이런 전자업체에 빛을 내는 반도체인 LED만을 판매하는 메이커다.

세계 최대의 자동차 부품업체인 보쉬 등은 물론이고 일부 영역에서 경쟁하는 오스람조차 서울반도체의 주요 고객이다.

마누엘 사라우사 서울반도체 유럽법인장은 서울반도체의 성공 원인에 대해 "인텔리 반도체를 만들어 PC업체에만 팔고 자기들은 직접 PC를 만들지 않는 것처럼, 우리도 LED 핵심부품만을 판매하고 있기 때문이다"라고 강조했다.

이 덕분에 서울반도체는 특정 분야에 집중해서 기술경쟁력을 확보하고 단일 품목에서 규모의 경제를 이룰 수 있었던 것이다. 기술경쟁력 그 자체를 그린테크의 경쟁력으로 승화시킨 점이 주효한 것으로 풀이된다.

● 그린 비즈니스 모델

LED는 광(光) 반도체에다 전기에너지를 주입하면 빛에너지로 바꾸는 원리를 이용한다. 전자가 선류를 흘려주는 N반도체와 전공(hole)이 전류를 흘려주는 P반도체를 전기적으로 집합(junction)시키면 전자와 전공이 만나면서 빛이 발생한다.

이 빛을 이용한 제품들이 출시되면서부터 LED 관련 그린 비즈니스 모델이 생겨나기 시작했다. 경기도 용인 죽전 인성테크가 재배하고 있는 '식물공장'은 그 대표적인 비즈니스 모델이다. LED로 채소를 기르는 식물공장을 운영하고 있기 때문이다.

인성테크는 원래 자동차 셀프 세차기 생산을 주업으로 하는 제조업체였다. 자동차 세치기 핵심기술인 수압과 공기압을 농사에 접목시킨 데서 성공의 열쇠를 발견한 것이다.

인성테크의 'LED 기반 식물공장'은 한국에서는 아직 생소하지만 일본과 미국에서는 일반화가 되었다. 일본에서는 1970년대부터 논의를 시작해 이미 크고 작은 도심형 식물공장이 100여 개를 돌파했다. LED 기반의 그린 비즈니스 모델을 만들면서 말이다.

다른 그린 비즈니스 모델은 내가 직접 듣고 제안을 받은 아이템도 있다. 지난해 10월 아부다비 출장길에서 캐피털 시티 관계자로부터 'CCTV 겸용 LED 가로등'에 관한 시장조사를 의뢰받았다. 한국의 CCTV 기술력과 LED 반도체를 조합시킨 가로등에 대한 신문기사를 읽고 여기에 대한 문의 및 조사용역이었다.

결과는 세 가지 단계를 넘지 못하고 말았다.

첫째는 중국과의 가격대비에서 힘들었다.

둘째는 국제 가로등 표준규격에 대한 미비였다.

셋째는 아부다비 에미리트와의 상행위 관계인 스폰서 피(fee)에 대한 상호 의견 차이를 극복시킬 수 없었다는 점을 알게 된 것이다.

결국 아이디어는 좋았지만 돈이 되는 계약에 이르기까지는 넘어야 할 산이 너무나 높았다. 슬픈(?) 그린 비즈니스 모델이 되고 만 것이다.

● 그린 레드오션과 그린 블루오션 사이

전기에너지를 빛에너지로 바꾸어주는 LED는 1962년 처음 만들어진 이후 비약적으로 발전했다. 현재는 적·녹·청색의 밝기를 10비트로 조합해 10억 7,374만 1,824가지 색을 만들어낸다. 이러한 색의 혁명에 의해 LED 세계는 그린 레드오션과 그린 블루오션 사이의 간극을 통일시키고 있다.

지금까지의 대형 건물 외벽의 장치물이 현수막 처리의 레드오션이었다면, 지금은 'LED 파사드'로 새로운 경관 도시문화를 만들면서 블루오션까지 넘나들고 있다. 미국 시카고의 옥상공원인 '밀레니엄 파크'가 그렇고, 한국 서울의 '스퀘어 빌딩(옛 대우건물)'이 그렇고 일본 도쿄의 '샤넬타워'가 그렇다.

도쿄 한복판 긴자에 들어선 샤넬타워는 화려하며 독특하고 창조적인 LED 파사드로 유명세하다. 최근 샤넬타워는 브랜드 홍보에서부터 브랜드 마케팅까지 LED 조명의 극치인 'LED 파사드'를 이용해 전 세계적인 관광명소로 등극하고 있다.

이 때문에 LED의 블루오션인 LED 파사드가 이집트의 피라미드 같이 대형 도시 아이콘으로 발전하는 기념비적 이용가치를 갖고 그 빛을 뽐내고 있는 것이다. 지금 이 밤에도 어김없이 서울역 앞 스퀘어 빌딩에서 작동된 LED 파사드는 광고효과를 극대화하면서 간접광고 형식에 기반해 'LED(발광다이오드), 누구냐, 너?'를 읊조리고 있다.

세계 LED시장 전망

(단위: 억 달러)

구분		제품명	05년	08년	10년	12년	15년	18년	CAGR(%)	비고
LED 응용 (융합)기기		휴대전화 모듈	83.2	67.2	56	48	45	42	−5.6	LED 산업과 전방 산업 간 기술융합된 제품과 관련된 시장
		LCDBLU 모듈		3.7	14.6	41	130	220	66.3	
		자동차 모듈	22.8	30.4	38	55.2	100	145	18.6	
		LED Display	16.6	26.7	36.7	44	55	64	10.9	
		의료	−	1	5	10	25	40	58.4	
		농수산업	−	−	3	8	20	32	46.2	
		정보가전, 통신	−	−	3	10	25	46.4	52.9	
		UV살균소독탈취, 경화응용	−	1	5	10	20	32	53.5	
		LED 응용 합계	122.6	130	161.3	226.2	420	621.4	18.3	
LED 조명 기기	옥내	할로겐전구 대체	−	2	10	30	60	90	46.4	조명사업과 관련된 시장
		백열전구 대체	−	3.3	17	39	70	100	40.7	
		형광등 대체	−	1	4.9	27	65	104	58.5	
	옥내외	Outdoor Lighting	8.2	12.5	16.5	22	33.3	50.6	15.0	
		Down Lighting	−	0.33	4	6.7	10	13	44.5	
		Task Lighting	−	0.61	4.5	9	15	21	42.5	
		LED 사인조명	4.3	7.5	11.5	16.5	26.9	46.4	20.0	
	옥외	LED 건축조명	1.1	3.4	6	15	30	45	29.5	
		LED 도로조명	−	1	20	40	70	100	34.9	
	LED 조명 합계		13.6	35.6	94.4	205	380	570	32.0	
세계 LED 응용 및 조명 총계			136.2	165.6	255.7	431.2	800	1,191.4	19.8	

Chapter 4.

그린레이스에서 승자가 되는 그린테크

1 그린테크가 미래다

2011년 글로벌 그린의 화두(話頭)는 '다시 뛰자'이다. 아직도 가시지 않는 글로벌 금융위기의 파열음을 듣는 것도 이미 식상한 상태다.

미국은 쌍둥이 재정적자에서 허덕이고 있고 유럽은 그리스에 이어 스페인까지 부도설에 긴장의 끈을 풀지 못하고 있다. 그렇게 잘나가던 중국마저 위안화 절상을 피하는 긴축정책기조에 매달린 분위기다. 가까운 이웃 나라 일본도 20년째 잃어버린 경제를 회복하기 위한 조치로 신성장동력 찾기에 골몰하고 있다.

올해 우리나라도 1조 원 무역시대를 기대하고 있지만 한국 경제 상황이 정부 발표대로 진행될지는 미지수다. 글로벌 그린레이스가 그리고 있는 그린월드가 그렇게 녹록하지 않기 때문이다.

그러나 그린월드에 동참한 한국 정부는 그래도 3년째 '저탄소 녹색성장'의 그린레이스를 국가적 어젠다로 삼아 힘차게 2011년을 열고 있다. 믿는 구석이 있기 때문일 것이다. 이게 바로 그린레이스에 승자가 되는 그린테크의 미래를 믿고 이를 이끌어갈 신성장동력을 찾을 수 있다는 자신감일 수 있다.

녹색성장을 이끌고 있는 기업들도 '더 이상 선택이 없다'면서 녹색으로 무장하는 데 그 어느 때보다 힘찬 도약을 준비하고 있다.

● 그린월드 · 그린패러다임 · 그린레이스 · 그린테크

앞으로 세계 경제의 패권(覇權)은 그린테크를 확보한 나라가 거머쥐게 될 것이라는 전망이 쏟아져 나오고 있다.

니컬러스 스톤 영국런던정경대 교수는 "세계 경제를 지배하는 패러다임이 바꾸고 있다"면서 "글로벌 금융위기를 극복하는 전략은 그린레이스가 지향하는 녹색성장을 실천하는 데서 출발할 수 있을 것이다"라고 항상 말해왔다. 그만큼 그린테크는 앞으로 지구촌 소비자의 '먹을거리'라는 얘기와 같다.

그렇다면 이러한 그린테크에는 과연 어떤 것이 있을까? 과연 어떤 기술적 기대가 가능한가? 그것도 어렵다면 글로벌 그린레이스에서 승자는 과연 누구일까?

이 세 가지 물음과 기대를 충족시키는 여러 가지 시나리오를 우리는 가지고 있다. 바로 앞장에서 소개한 여섯 가지 아이템을 해부해보면 그 승자의 밑그림을 그릴 수 있다.

하지만 65억 지구촌 소비자와 함께 공유될 미래의 먹을거리로서 그린테크는 아직 그림이 완성되지 않고 있다. 그냥 미완성 예술작품처럼 대학교 연구소나 국책 연구소에서 설왕설래(說往說來) 형태로 더디게 진행하고 있다.

그린노믹스를 완성하기 위한 전제조건으로서 그린테크가 그려가고 있는 기술적 미래상은 그래서 '과연 시리즈'의 핵심 어젠다가 된다. 그도 그럴 것이 최근 세계 여러 나라들은 치열한 경쟁을 벌이며 그린테크를 선점해 선도자 이익을 확보하는 데 국력을 집중하고 있다. 이러한 추세에 따라 한국 정부도 외국처럼 그린테크의 중요성에 대한

국민적 공감대를 형성하기 위해 매년 국가녹색대상을 제정하고 있다.

● 국가녹색기술대상 · 비즈니스 위크

올해의 제2회 국가녹색성장대상에서 총 28개 신기술이 선정되었다. LS산전의 '스마트그리드 에너지 효율화 시스템'이 대통령상을 수상한 것을 비롯하여 국무총리상은 삼성전자의 '친환경 3D LED TV 기술' 등이 수상의 영광을 거머쥐었다.

수상자들은 '녹색기술이 미래다'라는 데 동의하고 출발한 기술적 노력과 열정에 대한 보상으로 이 같은 기쁨을 만끽하게 된 것으로 이해한다.

실제로 녹색성장은 기업에게는 신(新)사업의 기회이고 미래의 기대주다. 그린레이스를 통한 그린테크는 관련 기업들에 잠재적 위험 요소이지만 그 안에서 기회를 찾아낼 수 있다.

미국 경제전문지 비즈니스 위크는 최근호에서 "각국 정부가 기후변화 리스크를 줄이기 위한 합의 도출에 지지부진한 가운데 기업들은 기후변화에 대비한 맞춤형 비즈니스로 대응해 가고 있다"고 보도했다.

특히 독일 지멘스는 에너지 효율이 높은 수처리공장의 자동화 시스템을 개발해서 수주전략에 만전을 기하고 있다. 이 기업은 2009년 한 해 동안 매출액의 25%를 기후변화 부문에서 달성했다.

● WSJ가 소개한 그린테크 5가지

앞에서 소개한 비즈니스 위크처럼 최근 월스트리트저널(WSJ)도 화석연료 의존에서 탈피해 온실가스를 줄이는 것을 지구촌 과제로 규정하고 세상을 바꿀 다섯 가지 그린테크를 소개했다.

하나, 산소로 충전하는 자동차 배터리다. 리튬이온 배터리를 사용한 하이브리드 자동차는 최근 상용화에 성공해 차세대 에너지 기술로 각광을 받고 있다. 그러나 1회 충전에 최대 64km밖에 운행할 수 없는 배터리 용량이 한계다. 이를 극복하기 위해 개발 중인 것이 리튬에어 배터리다. 화학반응제로 화학물질이 아닌 공기 중의 산소를 배터리 내부로 끌어들여 충전하는 방식이다. 한 번 충전으로 기존 배터리의 10배를 이동한다. 작고 가벼우며 가격도 싸다.

둘, 고효율 에너지 저장 기술이다. 비용 대비 효율이 떨어지는 기존 에너지 저장장치를 대체할 만한 고효율 저장장치도 차세대 에너지 기술로 꼽힌다. 태양광 및 풍력과 같은 자연 에너지는 고갈되지 않고 공해도 일으키지도 않는다. 그러나 기상상황에 따라 수급이 불안정하다는 단점이 있다. 이런 제약을 뛰어넘기 위해 자연에너지로부터 생산된 전력을 저장한 후 필요할 때 송전하는 기술이 필수적이다.

셋, 이산화탄소 처리 장치다. 에너지 발전에 석탄이나 석유와 같은 화석연료를 사용하되 이때 발생하는 이산화탄소를 처리하는 기술이다. 화력발전소에서 발생하는 이산화탄소를 배출하지 않고 모아서 고체상태인 금속산화물로 전환시켜 땅속이나 바닷속에 저장한다. 연간 20억 톤에 이르는 화력발전소 배출량을 90%나 줄일 수 있다고 주장한다.

넷, 해조류를 이용한 바이오연료다. 현재 바이오연료의 주원료인 옥수수 대신 해조류를 대량 생산해 에너지로 전환하는 방식이다. 해조류는 매우 빨리 성장할 뿐 아니라 바닷속 이산화탄소를 섭취한다. 게다가 재배 면적당 추출되는 바이오연료가 옥수수의 10배가 넘는다. 상용화에 성공할 경우 미국인 전체가 필요한 만큼 자동차 연료로 사용할 수 있다는 가설도 있다.

마지막 다섯, 대기 밖 태양광발전이다. 밤이 되면 발전할 수 없고 햇빛이 대기권 안으로 진입하면서 반사되어 에너지 손실이 큰 기존의 태양광발전의 단점을 보완한 획기적인 아이디어다. 지구 상공 약 3만 5,000km에 빛을 모아주는 집광판과 빛을 전기로 바꿔주는 광전지를 설치한다. 우주에서 햇빛을 모아 생성된 전기를 마이크로파로 전환해 지구로 쏘면 지표면에 설치된 수신기로 이를 받아 다시 전기로 변환시킨다. 지표면에 약 1.6km의 수신기를 설치하면 1,000MW 원자력발전소 1기에 해당하는 전력을 얻을 수 있다고 한다. WSJ는 거대한 집광판을 대기권 밖으로 쏘아 올리는 막대한 비용이 장애물이지만 여기에 거는 기대가 크다고 소개했다.

이러한 다섯 가지 그린테크가 상용화되면 우리가 살고 있는 지구는 우리 모두에게 더 행복한 세상을 선사하고 동시에 공유시키는 은덕을 줄 수 있다.

이를 기대하는 마음으로 바로 다음 장에서 대기 밖 태양광발전과 고효율 에너지 저장 기술을 다시 살펴보자. 전자는 일본에서, 후자는 한국에서 상용화를 위해 연구진이 지금 이 시간에도 비지땀을 흘리고 있다.

2 WSJ가 기대하는 그린테크가 한·일 두 나라에서

 과거에는 정의를 내리는 요소들 중의 하나가 '당신이 어디에 사는가'였다. 물리적인 현실에 구속을 받고 있었기 때문이다. 하지만 그린테크의 발달로 사람들은 물리적 카테고리인 지리로부터 해방되고 있다. 이를 가능하게 만든 원인으로는 세계 열강의 판도와 생각의 변화에 기인한다.

 20세기에는 국토가 선진국들의 주된 관심사였고, 21세기는 공감이 주된 관심사로 바뀌었다. 미래를 생각하는 과제로서 그린테크가 직접적인 자기성취와 맞물린 것도 같은 이치로 작용함은 물론이다.

 '그린테크가 미래'라는 다소 역설적인 주장을 실현하는 곳이 현재 한국과 일본 두 나라이다. 우주 밖 태양광발전은 이웃나라 일본 상도(商都) 오사카 소재 오사카대학 한 실험실에서 연구되고 있다. 반면 고효율 에너지 저장 기술은 한국 전기연구원 실험실에서 연구원들의 비지땀으로 개발되고 있다.

 바로 앞 장에서 소개한 대기 밖 태양광발전소 건설과 고효율 에너지 저장 기술을 위해서 한국과 일본이 함께 뛰고 있는 것이다.

● 우주서 태양광발전, SF가 현실로

믿기지 않겠지만, 과학기술의 발달로 그린테크는 해마다 기술 역사를 바꾸고 있다. 땅에서 바다에서 그리고 우주 밖에서 말이다.

우주 밖의 태양광발전은 앞에서 소개한 그대로, 일본 오사카대학이 향후 10년 안에 상용화가 가능할 수 있다고 기대해 지금 이 시간에도 연구진은 연구에 연구를 거듭하고 있다. 올해로 24년째 오직 그 한길을 걷고 있다.

오사카대학에 설치된 우주 태양광발전 시스템은 거대한 공장 규모에다 연구 기자재를 망라한 시설이다. 그들의 로망은 어쩌면 무모한 도전이고 욕심일 수 있지만 중소기업보다는 공익적 차원에서 대학 연구기관이 수행하는 것이 바람직한 프로세스라고 평가할 수 있다.

천문학적인 연구비와 고급 인력의 수요를 충당하는 일은 그리 녹록지 않을 터다. 이 때문에 오사카대학이 추진하고 있는 우주 밖 태양광발전 그린테크 완결은 우리 모두의 기대 속에 있다.

이러한 공익적 그린테크 완성은 국가운명을 가를 신재생에너지에 대한 기대주로서 국가적 믿을거리가 될 수 있다. 공상영화에 등장하는 SF가 이제 현실로 우리에게 다가오고 있다는 점은 결국 신의 축복으로 간주해도 좋다.

무슨 힘이 있다고 사람들은 입만 열면 "지구를 구하자!"라는 구호를 남발(?)하지만, 실제로는 "우리가 지구로부터 은덕을 받고 있다"는 자세와 마음에서 그린테크에 올인하는 일이 순서이자 글로벌 녹색성장으로 가는 길임을 자각해야 한다.

● 에너지 손실 제로, 초전도 진기은행이 떴다

일본 오사카대학이 24년째 우주 밖 태양광발전에 매달리고 있다면 한국 전기연구원은 세계 최고 수준의 '전기 저장 장치' 개발에 비지땀을 쏟아 결국 상용화의 초읽기에 들어갔다. 앞에서 WSJ가 소개한 '고효율 에너지 저장 기술'의 완성을 눈앞에 두고 있는 것이다.

이 그린테크를 통해 신재생에너지의 보완장치나 반도체 공장의 전력공급 장치로의 활용이 가시권에 접어들고 있다.

실제로 글로벌 그린마켓에서 신재생에너지로 각광을 받고 있는 태양광과 풍력발전의 결정적 단점은 원자력발전만큼 전기 생산이 안정적으로 이루어지지 않는다는 데 있다. 이런 약점을 보완해 주는 장치가 전기에너지 저장장치다.

기준 이상의 전기가 바람이나 햇빛이 약해지면 저장해 놓은 전기를 풀어서 사용자에게 동일한 양의 전기를 꾸준히 공급한다. 일종의 전기은행에 전기를 저축했다가 전기가 필요하면 인출하는 셈이다.

한국전기연구원 초전도연구센터가 최근 개발한 초전도체 전기 저장장치는 1MW 규모로 1,000개만 있으면 한국 고리 원자력발전소와 비슷한 용량이다. 우선 규모 면에서 세계 최대의 초전도 전기 저장장치에 해당한다.

이 그린테크가 필요한 곳은 반도체 공장이다. 불안정한 전기 공급으로 연간 수십 건의 사고가 발생한다. 이런 점에 대비하기 위한 장치로 배터리가 있다. 배터리를 반도체 공장에 적합한 규모로 키우려면 크기가 주택 정도로 커진다. 무엇보다 충전하는 데 많은 시간이 소요되는 단점이 있다. 한국전기연구원의 초전도 전기 저장장치는 이런 면에서 가장 적합할 수 있다.

우선 충전하는 데 불과 초(秒) 단위면 충분하면서 몸집 정도의 크기이면 충분하다. 이게 바로 초전도 전기 저장장치인 그린테크다.

3 꿈의 원자로 TWR과 빌 게이츠

2006년 어느 날.

미국의 한 지적재산투자회사에는 여러 방면의 투자자들이 모였다. 장래기술에 대한 모임을 위해서다. 여기에 동석한 사람 가운데 마이크로소프트 창업자 빌 게이츠의 모습도 보였다.

이러한 모임에 의해 꿈의 입자로라고 시칭된 진행파원자로 TWR(Travelling Wave Reactor)을 개발할 테라파워(Terra Power)사가 출범하게 된다. 물론 투자비용은 빌 게이츠의 몫이다.

테라파워는 소량의 농축우라늄을 가지고 원자로 TWR을 통해 최초 핵분열을 유발시키면 진행파(travelling wave)가 통과한다. 이런 기술적 과정을 거치면 플루토늄이 생성되고 이를 연소시키면 연료 교체 없이 50~100년간 가동할 수 있다.

최근 일본 니혼게이자이신문에 의하면 빌 게이츠 회장은 자신이 가지고 있는 원자력 벤처기업 테라파워가 개발 중인 TWR에 도시바 기술을 접목해 꿈의 원자로 공동개발에 돌입했다고 전했다. 그린레이스에서 승자가 되기 위해 빌 게이츠의 테라파워가 뛰고 있는 것이다.

● 연료 교체 없이 100년간 가동 원자로

TWR은 원료 천연우라늄과 함께 농축 후 남은 부산물인 열화우라늄까지 모두 사용할 수 있어, 현재 경수로보다 핵폐기물이 적고 장기 운전이 가능하다는 게 큰 장점이다. 경수로는 수년 주기로 연료를 교체해야 하지만 TWR은 연료 교체가 없이 최대 100년까지 운전이 가능하다고 한다.

또 우라늄 농축과 사용 후 연료 재처리를 위한 거대한 인프라가 필요하지 않아 원자력발전소 건설 계획이 있는 국가와 기업들에는 새로운 대안이 될 수 있다.

현재 원전 건설을 추진하고 있는 나라는 미국이 32기를 비롯하여 중국이 50기 이상이고 러시아가 40기에 이른다. 한편 원자력발전소 기술을 다량 소유하고 있는 웨스팅하우스를 소유한 일본 도시바는 이와 별도로 30년 장기 운전이 가능한 1만 kW급 초소형 원자로를 개발해 왔다.

지난해 12월까지 개발을 완료시켜 미국에 인증을 신청하고 오는 2014년에 1호기를 착공할 계획이다.

테라파워의 TWR과 호환(互換)이 가능한 기술적 공통성이 많아 시너지 효과를 노릴 수 있다는 게 두 회사가 손을 잡게 된 배경이다.

하지만 TWR이 상용화되려면 원자로 핵반응에서 발생하는 뜨거운 열을 장기간 견딜 수 있는 원자로 재료 개발이 핵심과제로 남는다. 따라서 실용화까지는 10년 이상이 걸릴 것으로 이 신문은 예상하고 있다. 뿐만 아니라 여기에 각국 정부로부터 각종 설계 검증과 안정성 검증을 받아야 하기 때문에 시간이 더 걸릴 수 있다는 지적도 잊지 않고 보도했다.

● 미국 원자력학회지 'Nuclear News' 표지 장식

원자력발전 관련 전문잡지 매체인 미국 'Nuclear News'는 최근 호에 빌 게이츠의 TWR을 표지기사로 실었다.

이 잡지매체에 따르면 테라파워에는 40명의 전문가와 75명의 컨설턴트가 TWR을 완성하기 위해 비지땀을 흘리고 있다고 전했다.

제4세대 원자로 개발에 열공하고 있는 일본 동경공업대학 원자로 공학연구소 하라모토 교수는 테라파워사의 컨설턴트로 일하고 있다. 또한 제4세대 원자로 후보로는 초고온원자로(VHTR)를 비롯하여 나토리움 냉각로(NaSFR)와 가스냉각고속로(CFR) 등을 꼽고 있다.

바야흐로 원자력발전의 르네상스 시대가 멀지 않음을 알려주고 있다. 그래서 TWR을 꿈의 원자로로 대접해서 관련 신문과 잡지는 대서특필한 모양이다.

실제로 원자력은 양면성을 가지고 있다. 악용과 선용의 경우다. 여기서 악용은 군사적 목적의 원자력 이용이다. 선용은 에너지산업의 대들보이고 삶의 질 향상을 돕는 건강을 위한 도구라는 점이다. 이를 잘 구분해시 원자력 르네상스 시대를 기대해야 될 것이다.

기존 경수로와 TWR

기준 경수로	비 교	TWR
경수로	원자로 종류	고속로
농축우라늄	사용 연료	천연우라늄과 열화우라늄
50만~135만	출력(kW)	10만~100만
현재 가동 중	실용화 시기	2020년 이후
· 신뢰성이 높고 고출력 · 정기적으로 연료 교체 필요	주요 특징	· 연료 교체 없이 최장 100년 운전 가능 · 사용 후 연료 처리 시설 등이 필요 없음 · 내구성 있는 재료 개발이 과제

4 대덕과 포항을 잇는 그린로드

글로벌 녹색성장산업에서 벌어지고 있는 기술적 열공(?)은 곧 그린레이스에서 승자로 가는 지름길이자 기름(油)길이 된다.

그린테크는 그 자체로 녹색성장산업의 미래를 책임지고 있기 때문에 피와 땀의 결정으로 그 성과는 판가름이 난다. 우리 지구촌 소비자의 일상에서부터 관련 기업에 이르기까지 수많은 분야를 변화시키는 공헌과 이바지를 겸하고 있다.

글로벌 그린레이스에서 승자가 되기 위한 그린테크의 산실로 기대되고 있는 국가적 연구기관 두 곳을 이제부터 찾아가 보자. 한국 대덕과 포항을 잇는 그린로드로서 우리 모두의 기대주이자 한국 녹색성장산업의 미래나 다름이 없기 때문이다.

● 대덕 국가핵융합연구소

그린 에너지로 새롭게 각광을 받고 있는 원자력발전은 우리에게 많은 것을 시사하고 있다. 2003년 부안사태까지 거슬러 올라가지 않아도 기피와 환영의 두 계단을 고르게 맛보게 만들었던 글로벌 그린레이스의 각축장에 속한다.

앞에서 소개한 테라파워를 출범시킨 빌 게이츠의 비즈니스 감각은 여기서도 그대로 통하고 있다. 그린테크가 대세라는 전제가 그래서 힘을 받기에 이르렀다.

최근 대덕의 국가핵융합연구소는 12년간 3,090억 원의 연구비를 투자하여 독자적인 기술로 만든 핵융합연구장치(KSTAR)에서 연구원들이 우주왕복선에 붙이는 내화(耐火)타일 작업에 한창이다. 미래 에너지 문제를 해결할 '인공태양'을 만들어내기 위해서다.

KSTAR는 태양처럼 수소 핵이 융합할 때 나오는 엄청난 에너지를 생산한다. 수소 500g만으로 고리원전급 발전소 4기를 하루 동안 가동할 수 있고 온실가스나 유독성 방사선 폐기물도 없다.

KSTAR의 진공용기 안에서는 섭씨 1억 도가 넘는 상태에서 핵융합이 일어난다. 하지만 이런 극고온의 물질이 벽에 바로 닿으면 장치가 녹아버린다. 이를 막기 위해 벽 안에 영하 269도의 초전도 자석을 넣어 고온의 물질을 밀어낸다. 양 극한의 온도를 공존시키는 진공용기를 우리가 만들고 있는 것이다.

2008년에는 영국 BBC 방송팀이 대덕을 찾아와 KSTAR의 1차 플라스마 실험 성공을 취재하면서 놀라움을 표시하기도 했다.

무엇보다 중요한 점은 세계 각국이 경쟁하는 분야에서 처음으로 우리만의 원천기술을 확보한 데 있다. 이제는 명실상부한 메이드 인 코리아의 '인공태양'이 떠오르고 있는 한국 대덕에서 말이다.

● 포항공대 방사광가속기

다른 지방 포항공대의 포항가속기연구소에 있는 둘레 280m 원통 주변으로 복잡한 기계장치들이 우산살 모양으로 펼쳐져 있다.

원통은 전자(電子)를 빛의 속도로 달려가게 만드는 방사선가속기다. 여기에 모든 사물을 꿰뚫은 빛이 우산살처럼 직선 빔라인(beam line)들로 뿜어져 나온다.

현재 포항가속기연구소는 65만 1,049m² 면적에는 빛의 속도로 전자가 돌고 있는 저장 링과 그 주변으로 우산살처럼 펼쳐진 28개의 빔라인이 가동 중이다.

이 기술에 의해 반도체와 조선 분야에서 필요한 획기적인 첨단기술 등이 개발되고 있다. 결국 그린레이스는 대덕과 포항을 잇는 그린로드를 통해 지금 이 시간에도 알알이 영글어 가고 있다.

Chapter 5.

강육약식(强肉弱食)이 적용되는 글로벌 그린마켓의 최전선

1 풍력 시장의 벤츠 에네르콘

2011년을 풍미하는 수많은 경영 화두 가운데 '녹색성장'은 가장 중요한 자리를 차지한다. 이는 지나간 과거일 뿐 아니라 다가올 미래의 화두다. 새로운 시대와 새로운 시장이 간단없이 열리는 과정에서 글로벌 그린마켓은 새로운 강자를 탄생시키고 있다.

이류하여 '강육야식의 법칙'이라든가 '정글의 법칙'이라든가 '기업 생존의 법칙'이 그래서 주목이 될 수밖에 없다. 특히 세계사적 글로벌 금융위기를 겪으면서 세계는 일자리 창출과 신산업동력 찾기에 광분하고 있다.

그 과정에서, 그 법칙에 의해 글로벌 그린마켓이 형성되고 있기 때문에 신재생에너지산업은 강자와 약자의 구분이 불가피하게 되었다. 이를 결정짓는 요소가 되는 것이 '기업 생존의 법칙'이다. 이에 따라 승승장구(乘勝長驅)하는 기업들이 그래서 더 주목을 받기 시작했다.

글로벌 그린마켓에서 첫 강자의 반열에 오른 기업은 '풍력 시장의 벤츠'인 독일 에네르콘(Enercon)이다.

• 품질에 대한 양보는 없다

독일 신재생에너지 기업 에네르콘은 태생적으로 기름값과 불황의 시대적 산물이다. 전 세계가 1차 오일쇼크로 몸살을 앓던 1973년으로 거슬러 올라간다.

이 해 가을 독일 청년 공학도인 앨로이 우벤(Aloys Wobben)은 동(東)프리시아 지방에서 독일 북부까지 자전거 여행을 떠났다. 그의 여행은 한 가지 의문과 한 가지 숙제를 해결하기 위해서였다.

'석유는 곧 고갈된다. 당장 준비하지 않으면 인류의 미래는 악몽이 된다. 고갈되지 않는 에너지를 실용화할 수 있는 방법은 없는가?'라는 의문과 '만약 있다면 어떤 일에서 이 과제를 풀어야 하는가?'라는 숙제에 골몰하는 데 자전거 페달과의 씨름을 계속한 것이다.

결국 그가 찾는 의문과 숙제는 '바람'이었다. 독일 북부지방을 한 번쯤 여행한 사람이라면 항상 강하게 불고 있는 바닷바람에 의해 여행에 지장을 받았을 것이다. 따라서 바람에 대한 선입견은 그리 좋지 않다.

그러나 2011년을 힘차게 열고 있는 글로벌 그린마켓에서 '풍력 시장의 벤츠'라는 닉네임을 얻어낸 에네르콘 창업자인 앨로이 우벤에게는 독일 북부 해안가의 거센 바람은 자연이 인간에게 준 시련이 아니라 인류를 석유 위기에서 구할 소중한 선물로 비쳤다.

그로부터 11년 뒤인 1984년, 앨로이는 독일 북부 소도시인 아우리히 시의 차고 하나를 빌려 풍력발전기 공장을 차렸다. 대학 아르바이트 삼아 전자부품을 팔던 일을 접고 그렇게 모은 돈이 창업자금의 시드머니가 되었다. 거센 바람이 1년 내내 부는 아우리히는 풍력발전기의 연구와 개발, 그리고 생산에 최적지나 다름이 없었다.

오늘날 글로벌 그린마켓의 풍력부문에서 최강자 독일 에네르콘은 이렇게 세상에 태어났다.

● 무(無)기어·대용량 발전기

에네르콘은 지난 1991년 세계 최초로 기어가 없는 풍력 발전 터빈 개발에 성공해 세상을 깜짝 놀라게 했다. 그래서 관련 업계의 부러움까지 샀다.

풍력발전에서 잔고장이 많은 기어를 없애면 회전 속도가 빠르고 고장이 적게 나며 부품 마모도 줄어든다. 또 구조가 단순해져 유지와 보수가 단순해진다. 결국 소음이 크게 줄고 환경 파괴 위험이 감소하는 효과도 배가 된다.

여기에 그치지 않고 에네르콘은 꾸준한 대형화를 통해 경제성을 높이는 노력도 계속적으로 이어갔다.

1984년 첫 공장을 설립할 때 이미 22kW급 풍력발전기를 개발했고 2005년에는 5MW급 발전기도 개발했다. 창업 20년 만에 270배 이상 발전 용량을 키운 셈이다.

● 에네르콘은 풍력발전의 벤츠

270배 이상의 발전 용량을 키운 에네르콘은 지금에 이르러서는 '풍력발전의 벤츠'로 불리고 있다.

값은 비싸지만 그만큼 믿을 만한 제품이라는 뜻이다. 또한 풍력발전기의 기술 분야에서 관련 특허의 68%가 에네르콘 소유다. 지멘스와 같은 글로벌 기업들도 에네르콘에 특허권료를 지불하고 풍력발전기를 만든다.

에네르콘이 생산하는 제품 가격은 경쟁사에 비해 20%가량 비싸다. 하지만 풍력발전의 본고장인 독일 시장의 점유율이 41.7%로 1위다. 세계 풍력발전 시장에서 순위는 4위다. 덴마크 베스타스와 미국 GE윈드, 그리고 스페인 가메사의 뒤를 잇는다.

● 품질 제일주의 제안

에네르콘 성공 비결은 크게 두 가지로 요약할 수 있다.

하나, 품질 제일주의다. 에네르콘은 자체 부품생산 비율이 75%가 넘는다. 가격을 위해 품질을 포기할 수 없다는 고집과 기술이 있기 때문이다. 풍력발전기의 기본 요소인 탑과 회전 날개와 같은 부품은 물론 풍력발전 에너지 장치를 운반하기 위한 배까지 직접 만들어서 쓰고 있다. 완벽을 넘어 품질 제일주의의 극치다.

둘, 에네르콘은 독일 내수에만 의존하지 않고 초반부터 적극적인 글로벌 그린마켓을 지향한 점이다. 1991년 네덜란드 수출을 시작으로 세계 38개 국가에 풍력발전기를 수출하는 기염을 토하고 있는 것이다.

에네르콘의 창업자 앨로이 우벤의 경영철학인 '작지만 세계로'라는 글로벌 지향은 그래서 빛이 나고 성공하는 기업이 될 수 있었다. 더욱이 강육약식이 적용되는 글로벌 그린마켓에서 에네르콘의 기업 주가는 항상 상종가를 치고 있다. 에네르콘의 영광은 그래서 더 빛이 난다.

"품질에 대한 양보는 우리 사전에는 없다."

2 태양과 돌을 품는 썬텍파워

글로벌 그린마켓에서 풍력발전 부문의 상종가를 치고 있는 기업으로 에네르콘이 있다면, 같은 이유에 걸맞게 태양광발전에 꼭 필요한 태양전지 부문에서는 중국의 썬텍파워를 꼽게 된다.

곧잘 에네르콘의 창업자 앨로이 우벤과 대비되는 썬텍파워의 창업자 스정룽(施正榮) 역시 히든 스토리를 지닌다.

굳이 다름을 찾자면 앨로이는 독일이라는 자국의 자전거 여행에서 풍력을 생각해 낸 것인 반면, 스정룽은 호주 유학생활을 통해 태양전지와 깊은 인연을 맺었기 때문에 그렇게 대비가 된다.

2010년 5월 '서울 디지털포럼 2010'에 참석차 서울에 온 썬텍파워 스정룽은 시원한 이마와 단아한 이미지가 퍽 인상적이다. 그러나 그의 두 눈은 매섭기 이를 데 없었다.

중국 랴오닝성 창춘이공과대학과 중국과학원 상하이광학정밀기계원구소를 거친 스정룽은 호주로 갔다. 1988년 그의 나이 25세였다. 한마디로 청운의 뜻을 품고 조국 중국을 떠나 유학길에 오른 셈이다.

여기까지는 흔하고 흔한 한 유학생의 일기에 지나지 않는다. 하지만 스정룽의 히든 스토리는 중국 녹색성장산업의 대들보로서 우뚝 선 결과에서 차별성까지 갖추었다. 중국이 낳은 또 다른 태양전지 부문의 비야디(比亞油: BYD) 창업자 왕촨푸와 종종 대비되는 경우에도 그의 이름이 등장하곤 한다.

● 평범함은 싫었다, 도전하고 싶었다

스정룽은 호주 뉴사우스웨일스대학에서 태양전지에 관한 논문으로 박사학위를 받았다. 그리고 2000년 자신을 알아준 장쑤성 우시에 썬텍파워를 세웠다.

회사는 2005년 나스닥 상장에 성공하면서 일약 세계적인 태양전지 업체로 부상했다. 2007년 그는 미국 시사주간지 타임에서 '세계 환경 영웅'으로 뽑혔다. 2008년에는 영국 가디언지에 의해 '지구를 구할 50인' 가운데 한 명으로 선정되기도 했다.

우선 그가 호주에서 귀국해 썬텍파워를 창업할 당시 그가 가지고 있었던 시드머니는 40만 달러였다. 그러나 10년이 흐른 스정룽의 재산은 28억 달러로 평가되었다. 단순계산해서도 7,000배가 불었다.

이제 학자에서 기업인으로 변신에 성공하고, 세계 최대의 실리콘 기반 태양전지 제조사를 일군 썬텍파워 스정룽 회장은 변신의 명분을 이렇게 정리했다.

"평범한 삶은 싫었다. 도전하고 싶었다."

● 강육약식의 그린마켓 세계에서의 스정룽 철학

나는 썬텍파워 스정룽 회장의 히든 스토리와 기업 철학을 국내 한 언론인의 기사를 참조해서 콩트식으로 다시 펼쳐본다.

크게 두 가지로 나누어서 일문일답을 전제하겠다. 분명 여기에는 글로벌 그린마켓의 최전선의 기록과 본말에 일치한 부분이 많았기 때문이다.

－2008년 한국에 썬텍파워코리아라는 지사를 세웠는데 전망은? 또 한국과 중국 비즈니스는 어떻게 다른가?

"한국은 국토 면적이 넓지 않기 때문에 발전소를 지을 부지가 많지 않다. 이 때문에 태양에너지 사업전망은 대단히 밝다고 본다. 비즈니스는 중국보다 한국에서가 더 쉽다고 본다. 외국에서 우선 품질의 경쟁력을 첫째로 보고 이어 브랜드와 가격 등을 따진다.

그러나 중국에서는 가격이 싸냐, 비싸냐가 제일 중요하다. 그다음으로 고객과의 관계를 따진다. 제품의 경쟁력은 나중이다. 중국이 아직 이런 단계에 처해 있기 때문에 중국 비즈니스가 제일 어렵다고 볼 수 있다."

－당신이 가장 존경하는 기업인은 누구인가?

"빌 게이츠를 꼽고 싶다. 기업가가 자신의 기술과 제품을 통해 인류 생활방식 개선에 기여한다는 것은 대단한 공헌이다. 게이츠는 자신의 인터넷 기술로 우리의 소통방식이나 생활방식을 바꾸었다. 나는 공짜인 태양광과 돌을 이용해 세상 사람들에게 기여하고 싶다. 그래서 단순히 돈을 벌기 위한 부동산 투자 따위는 하지 않을 것이다."

예컨대 썬텍파워 스정룽 회장의 멘트는 기업을 일군 사람과 그에 관련된 리더십, 그리고 경영철학이 다르게 적용함을 알 수 있다. 물론 일반인과 다른 그 무엇이 있기에 그런 성과와 그런 영광을 동시에 갖추게 되었으리라고 본다.

3 녹색기술대상을 거머쥔 LS산전

강육약식이 진행되고 있는 글로벌 녹색성장산업에서 세 번째 주자는 한국의 LS산전이다. 지난해 12월 5일, 한국 정부가 주최한 제2회 녹색기술대회에서 영예의 대통령상을 거머쥔 영광이 있었기 때문이다.

앞에서 소개한 대로 LS산전은 '스마트그리드 에너지효율화 시스템'으로 녹색기술대상을 받았다. 최근 들어 보편화된 '스마트그리드'라든가 '전력 IT' 등은 LS산전이 처음 사용한 단어다.

LS산전은 1998년부터 전력과 정보기술(IT)을 접목한 연구를 통해 전력의 효율성 향상에 매진한 그린 기업이기도 하다.

우선 전력 IT를 기반으로 양방향 통신을 비롯하여 수요 개념이 포함된 미래 에너지 시스템인 '스마트그리드'가 탄생할 수 있었다. 이 시스템은 스마트 미터와 에너지 관리시스템(EMS) 기술, 전력수요관리와 양방향 인프라스트럭처 기술 등으로 구성된다.

또 이 시스템은 2008년 에너지관리공단 스마트 계량 시스템 실증 연구를 통해 10% 이상의 전력 에너지 총량 절감 효과를 입증시킨 바 있다.

국가적으로 스마트그리드를 구축할 경우, 2020년 이후 피크부하의 15%와 전력판매량의 5% 이상을 줄일 수 있을 것으로 전망된다. 이와 함께 지구 환경에 치명적인 양향을 미치는 이산화탄소를 매년 500만 톤 절감할 수 있다는 것은 덤으로 따른다.

- 'How to Survive'에서 'How to Growth'로

구자균 LS산전 사장의 집무실에는 전력과 에너지 관련 서적이 빼곡히 들어차 있다. 녹색성장 이야기가 나올 때마다 LS산전이라는 이름이 빠지는 법이 없다. 스마트그리드와 전기자동차, 태양광과 연료전지 등 녹색성장 사업이 없는 LS산전을 상상하기 어렵다는 얘기다.

여느 기업과 마찬가지로 글로벌 금융위기를 전후해 극심한 위기를 겪었던 LS산전이 녹색성장 기업으로 탈바꿈한 데는 2008년 1월 사장으로 취임한 구자균 사장의 리더십이 큰 역할을 했다.

LS산전을 녹색기업으로 탈바꿈시킨 업적은 구자균 사장의 경영철학 때문이다. 그는 사상식에 취임하자마자 전 임직원에게 'How to Survive'에서 'How to Growth'로 마인드를 전환하자고 요구했다. 구자균 사장도 취임과 동시에 생존에 안주하는 기업 문화에서 적극적인 성장 추진 정책으로 기업을 전환시키는 데 남다른 노력과 힘을 보탰다.

결국 구자균 사장은 성장을 강조하다 보니 자연스럽게 새로운 먹을거리와 기업인수합병(M&A) 등에 눈을 돌릴 수밖에 없었다. 이 과정에서 녹색산업이 LS산전의 핵심으로 등장하게 된다. M&A 대상기업도 거의 대부분이 녹색성장과 관련된 기업들이다.

- 스몰 M&A로 그린비즈 영토 확장 진행 중

최근 LS산전은 녹색성장 기업으로 확고한 자리를 구축하기 위해 스몰 M&A에 매우 적극적이다.

실제로 LS산전은 2009년 한 해 동안 녹색성장 스몰기업 4개를 사들였다. 전력기기 및 시스템 기업인 플레넷을 38억 원에 인수를 시작해서 전력용 모듈의 LS파워세밀텍(210억)과 자동화 분야의 메르노닉스(88억), 그리고 그린빌딩 솔루션의 사우타코리아(11억) 등을 인수합병시켰다.

특히 LS산전은 사우타코리아의 인수를 계기로 그린빌딩 솔루션 경쟁력 확보를 위한 인력 및 재원투입을 강화하고, 2015년까지 전 세계 그린빌딩 솔루션 시장에서 매출 1,000억 원을 올릴 계획으로 알려졌다.

한편 한국 지능형빌딩시스템(IBS) 시장은 빌딩 초고층화와 친환경 추세와 함께 정부의 녹색성장 정책에 따라 연평균 9%의 성장이 예상되고 있다. 오는 2015년까지 약 7,700억 원 수준의 시장이 형성될 것으로 예상되고 있다. 세계적으로도 미국과 유럽을 중심으로 그린빌딩에 대한 정책지원이 확대되며 수요가 급증할 것으로 기대하고 있다.

- 기대되는 스마트그리드협회

LS산전을 녹색기업으로 바꾼 구자균 시장은 최근 그의 리더십을 바탕으로 2009년 5월에는 스마트그리드협회 회장직을 맡고 동분서주하고 있다.

19개 회사가 모였던 작은 단체였던 스마트그리드협회는 구 사장이 회장으로 취임한 지 100일 만에 60개 회사가 참여할 정도로 비약적으로 성장했다. 구자균 사장이 발로 뛰면서 회원사 증가운동을 벌인 결과다.

회장직에 오른 그의 출사표를 들어보자.

"스마트그리드는 향후 반도체나 조선업에 버금가는 차세대 사업으로 육성할 것이다. 스마트그리드 사업은 녹색성장의 대들보로서 시대적 요구와 맞닿아 있다. 진정한 의미의 신기술은 시장 트렌드에 따라 만드는 것이 아니라 트렌드를 새롭게 만들 수 있는 것이어야 한다."

다시 스마트그리드협회와 LS산전을 교집합해보면, 구자균 사장이 이끌고 있는 LS산전은 녹색산업의 흐름을 주도하는 기업으로 구분이 된다. 최근 지식경제부가 발표한 15개 녹색성장 분야 가운데서 LS산전이 이미 해오거나 신사업으로 뛰어든 분야는 7개나 되고 있다.

또 LS산전은 최근 정부의 녹색인증제에서 녹색기술인증 제1호 인증을 취득하는 등 현재까지 22건을 취득하면서 최다 인증 취득 기업으로 랭크되기도 했다.

다시 결론을 내자면, LS산전이 제2회 국가녹색기술대상에서 대통령상을 받은 일은 기업 CEO의 비전과 함께 리더십을 통한 영광으로 해석하게 한다.

4 히든 챔피언 시대가 오다

'유럽의 피터 드러커'로 불리는 독일 헤르만 지몬 교수는 1995년 까지 마인츠대학에서 마케팅 및 경영학 교수를 지냈다. 그가 유명세를 탄 것은 '히든 챔피언(숨어 있는 1등 기업)'이라는 경영학 도서의 출판에 의해서다. 지금은 독일에서 가장 잘나가고 있는 기업 컨설팅 회사인 지몬−쿠퍼&파트너스의 대표도 겸하고 있다.

최근 그는 녹색성장시대를 맞아 의미심장한 멘트를 토해냈다.

"미래의 히든 챔피언은 태양열·풍력 등 에너지 기업에서 나올 것이다."

이를 지켜본 한국의 한 언론매체에 종사하는 기자는 헤르만 지몬 교수에게 구루의 자문을 이렇게 구했다.

−앞으로 10년간 어떤 분야에서 새로운 히든 챔피언이 많이 등장할까요?

"태양열과 풍력 등 에너지 분야가 향후 10년간 가장 혁신적으로 도약할 것이다. 인터넷이나 IT분야에 비하면 훨씬 좁은 분야라고 말할 수 있다."

－왜 독일권에 히든 챔피언들이 그렇게 많나요? 인근 프랑스에는 거의 없는데요?

"프랑스는 중앙집권적인 국가가 일찍 형성된 반면 독일은 오랫동안 군소(群小) 국가들이 난립했다. 결국 독일 기업들은 매우 작은 내수시장을 무대로 활동해야 했는데 그것으로는 모자랐다. 그래서 일찍부터 해외시장에 눈을 돌렸다. 그리고 여기에 독일의 기술지향적인 전통도 히든 챔피언을 양산하는 기반이 되었다."

● 제2에네르콘 · 제2썬텍파워 · 제2LS산전

글로벌 녹색성장산업이 규모의 경제와 범위의 경제를 이루는 과정에서 필연적으로 앞에서 소개한 에네르콘이라든가 썬텍파워라든가 LS산전 등과 비교할 수 있는 동급의 히든 챔피언의 출현이 예상된다.

독일 헤르만 지몬 교수가 1996년 저술한 '히든 챔피언'에서 밝혔던 내용이기도 하다. 최근 그는 새로 낸 '21세기의 히든 챔피언들'에서 녹색성장산업의 미래를 통해 히든 챔피언 시대를 이렇게 예고하고 있다.

"특히 1996년과 2009년의 차이, 이를테면 히든 챔피언의 차이는 모든 측면에서 세계화가 크게 진전되었다는 점이다. 이제 히든 챔피언 기업의 고용에 상당 부분이 해외에서 이루어지고 있다. 또 모든 프로세스가 국제화되고 있다.

따라서 히든 챔피언들의 시장 지배력도 한층 높아지고 있다. 가장 강력한 경쟁자와 비교한 상대적 시장점유율이 10년 전 1.56배에서 지금은 2.34배로 격차가 더 벌어졌다."

• 비교 우위 시대의 히든 챔피언 변화

헤르만 지몬 교수의 지적과 주장을 그대로 적용해보면 비교우위 시대의 히든 챔피언들은 많고도 많다. 하지만 그들 기업 가운데 사라진 히든 챔피언도 없지 않다. 사라진 히든 챔피언의 실패 원인을 헤르만 지몬 교수는 크게 두 가지로 꼽았다.

하나는 기술의 변화로 인해 도태된 케이스다. 예를 들면, 레플렉타(Reflecta)라는 환등기 생산업체는 디지털 시대를 맞아 살아남지 못했다.

둘은 경영권 상속 문제 때문이다. 히든 챔피언의 3분의 2는 가족 기업이다. 이들이 지속적으로 성공을 거두는 가장 큰 이유는 두려움이 없이 집중적으로 목표를 향해 매진하는 리더십이 있기 때문이다.

히든 챔피언의 창업자들에게는 일이 곧 삶이다. 기업과 자신을 동일시하면서 인생 전체를 건다. 하지만 후계자 선정이 가장 큰 도전이 되고 있다. 이런 점이 결정적인 약점으로 등장하고 있다.

이를 극복하기 위해서는 잘할 수 있는 일에 '집중'하고 동시에 '세계화'로 시장 한계를 극복하는 일에 한 치의 소홀함이 없어야 한다.

• 다시 히든 챔피언 시대가 오다

히든 챔피언 시대가 오는 과정에서 '한국형 원전' 실험설비를 만드는 일진에너지도 우리가 기대하는 기대주 가운데 하나다.

1,000년 만에 하나 정도 일어날 가능성이 있는 원자력발전소 사고까지 예측해 대비할 수 있는 설비인 '열수력 종합효과 실험장치'에서 괄목할 만한 성적표를 쌓고 있는 히든 챔피언이 바로 일진에너지인 것이다.

2002년 한국원자력연구원에서 나온 '아틀라스 프로젝트'를 보는 순간, 이 사업만 수주하면 '히든 챔피언 기업'으로 등극하리라 믿었던 이상배 일진에너지 사장은 결국 큰일을 만들어냈다.

아틀라스는 원자로를 144분의 1로 축소 제작한 것으로, 핵연료 대신 전기를 이용하는 것이 다를 뿐, 원자로 내부의 압력과 온도는 실제 원전과 같은 미니 원자력발전소이다.

시간이 흘러, 결국 2006년 일진에너지는 아틀라스 완제품을 한국원자력연구원에 납품하게 된다. 70억 원에 수주한 아틀라스 사업에서 30억 원의 손해를 보면서 말이다.

따라서 아부다비 실라에 세워질 원전에 들어갈 시험설비가 이렇게 만들어졌고, 7조 원이 투입되는 중소형 원자로(SMART) 국책개발사업에서 포스코와 함께 참여하는 자격까지 따냈다.

결국 일진에너지처럼 히든 챔피언의 시대는 오고 있고 동시에 그들만의 리그로 등극이 가시화되고 있다. 프랑스 아레바처럼 말이다.

Chapter 6.

한눈에 읽는 GGGR

1 글로벌 녹색성장에 길을 묻다

1950년대 미국 노스캐롤라이나 주는 미국 50개주 가운데 미시시피 주 다음으로 가난한 지역이었다. 주요 수입원은 농업과 섬유산업이 고작이었다. 이렇게 가난한 노스캐롤라이나가 지금은 미국 전체 가운데 열 손가락 안에 꼽히고 있다.

그렇게 가난하고 소외된 지역이 남부에서 두 번째로 부유한 주로 성장했고 잘사는 고장으로 발전했다.

이런 발전의 중심에는 산학관연(産學官研)이 한 몸으로 움직이는 리서치 트라이앵글 파크(RTP)가 있다. 한국 정부는 1970년대 이곳을 벤치마킹하여 대덕연구단지를 조성하는 데 이용했다.

같은 이치로 한국 이명박 정부는 2008년부터 '저탄소 녹색성장'을 국가적 어젠다로 설정해 10년 이후 우리의 먹을거리 찾기에 나섰다. '먹을거리가 무엇이냐'라든가, '신수종산업이 무엇이냐'라든가, 그것도 아니면 '신재생에너지산업이 바로 이것이다'를 외쳤고 또 제안하면서 말이다.

3년이 흐른 지금, 2011년에는 이런 세 가지 어젠다와 구호는 뉴스

밸류에서 이미 한물이 갔고 식상한 분위기마저 보인다. 하지만 비좁은 내수시장을 넘어 넓고 다양한 글로벌 그린마켓을 들여다보면 이제 기회가 오는 것을 알 수 있다.

앞에서 여러 차례 소개한 그대로, 2008년 9월 리먼 브라더스 파산 이후 글로벌 금융위기를 겪은 모든 나라들은 일자리 창출과 신재생에너지산업에서 수종사업을 찾기에 국력을 쏟고 있음이 간단없이 목격되었다.

그래서 모든 언론과 모든 연구기관이 정부 정책에 따라 일렬종대로 머리를 맞대고 있다. 버락 오바마 행정부가 그렇고, 한국의 이명박 정부가 그렇고, 지금은 후진타오 중국 정부도 여기에 빠지지 않는다.

지구온난화 방지와 기후변화 대응, 이산화탄소 감축이라는 세 가지 지구촌 대과제를 해결하겠다는 명제와 명분에서 이미 설득력을 쌓고 있기 때문에 그렇다.

따라서 제6장은 완벽한 글로벌 녹색성장의 보고서가 되기 위해 모두 네 가지 측면에서 스포트라이트를 비춰 본다. 요약하면 협업(클로스터)과 기업(녹색), 국제(국가)와 그린머니(돈) 등으로 나누어서 말이다.

- Green Belly-Research Triangle Park

노스캐롤라이나 주 롤리 공항에서 서쪽으로 5마일 정도 떨어진 곳에 위치한 리서치 트라이앵글 파크(RTP)는 한때 '미국 동부의 실리콘밸리'로 불리었다. 옛 버전이다. 지금은 '미국 동부의 그린밸리'로 그 명칭과 대접이 바뀌어가고 있다.

한때 오대호를 끼고 번창했던 미국 자동차 왕국 미시간 주 디트로이트는 쇄락의 지하로 떨어진 반면, 매우 대조적으로 리서치 트라이앵글 파크는 승승장구하고 있다.

기업 분포도만 보아도 그냥 이해되는 대목이다. 예를 들면 생명공학이 29%로 가장 높고 이어서 IT(21%)와 비즈니스 서비스(15%), 그리고 재료공학(13%)과 환경공학(5%) 등의 순이다.

● 녹색기업 유치로 쾌적한 환경 유지

RTP에 우수 녹색기업과 고급 인재가 몰려드는 이유는 쾌적한 환경과 낮은 물가 덕분이다. 서부 실리콘밸리 지역에 비해 물가가 4분의 1 정도에 불과해 주거비용이 낮고 주거환경이 뛰어나다. 그 덕분에 RTP는 '최고 거주도시'로, '건강에 도움이 되는 도시'로, '경력개발에 좋은 도시' 등으로 꼽히고 있다. 물론 RTP 설립 목적 가운데 하나는 지역에서 배출되는 고급 기술 인력의 유출을 막아 지역 경제를 발전시키는 것이었다.

이를 위해 듀크대학과 노스캐롤라이나주립대학 등 지역 명문대학들은 고급 두뇌를 제공하고, 대신 기업은 교육 및 연구개발에 재투자한다. 그리고 주정부와 카운티는 이들을 위한 후원자 역할을 자임함으로써 두뇌의 외부 유출을 막는 동시에 지역경제 발전에도 한몫을 할 수 있도록 해 오늘의 성과를 이룰 수 있었다.

● 연구개발(R&D) 고용 인구는 55%를 점유하다

RTP는 남북 12.8km와 동서 3.2km에 2,830만 m²의 넓이를 차지하고 있다. 여기에 연구개발 고용 인구만도 55%를 점유한다. RTP를 지정학적으로 보면 노스캐롤라이나 주정부가 있는 롤리와 더럼, 그리고 채플힐 등 3개 지역을 연결한 최첨단산업단지다.

이곳에 입주한 기업들의 면면도 다채롭다. IBM을 비롯하여 시스코와 머크, 듀크대와 노스캐롤라이나주립대학, 정부출연 연구기관 등이 모여 있어, 말 그대로 완벽한 산학관연의 클러스터를 형성하고 있다.

특히 RTP 내 정규 직원만 4만 2,000여 명에 달해 노스캐롤라이나 주 전체 고용 중 22%를 차지하는 등 노스캐롤라니아 경제의 핵(核)을 이루고 있다.

그래서 우리는 글로벌 녹색성장산업의 교과서를 쓰고 있는 RTP에 대해 많은 연구와 조사를 계속적으로 이어가고 있다. 특히 나는 글로벌 그린 그로스 리포트(Global Green Growth Report)를 쓰기 위해 어김없이 미국 동부의 그린밸리인 RTP에 관한 정보와 자료에 많은 애착(?)을 느끼곤 한다.

여기의 특별함을 주장하자면 '한눈에 읽는 GGGR'로서 RTP는 '내게 길을 물어라'라고 손짓하고 있기 때문이다.

2 녹색에 스타일을 걸친 스웨덴 H&M

글로벌 녹색성장 보고서의 두 번째 주인공은 스웨덴의 패션기업이다. 앞에서는 클러스터의 교과서를 쓰고 있는 미국 리서치 트라이앵글 파크가 지역적 발전인자로서 주목을 받았다면, H&M은 히든 챔피언으로서 패션산업 그 자체를 녹색으로 입히는 데 달인이 되어 녹색성장 보고서의 한 페이지를 장식했나.

이제 녹색의 개념은 전방위로 작동하면서 국가와 지역, 기업과 소비자에게 골고루 이용되고 있다. 빈말이 아니게끔 '그린'이 붙지 않으면 라면 한 봉지나 껌 한 통도 팔리지 않는 만병통치약으로 군림(?)하는 것이 하나도 이상하지 않는 세상이 되었다.

그래서 녹색성장이 화두가 되고 기업의 발전인자로서 가늠되는 기업 현실 때문에 스웨덴이 낳은 패션업체 H&M이 녹색성장의 보고서에 등재되는 이유도 여기에 있다.

• 세계적인 패션 기업 H&M의 녹색사랑

옷에다 녹색을 입히는 일보다 옷에다 녹색을 치장하는 데 달인이 된 H&M은 1947년 알링 페르손(Persson)이 창업한 스웨덴의 세계적 패션 메이커다.

현재 전 세계 27개국 2,000여 매장에서 남녀 캐주얼과 아동복을 팔고 있다. 지금은 창업자의 아들인 스테판 페르손이 회장을 맡고 손자인 칼 요한 페르손이 CEO를 맡아 3대째 경영을 하고 있다. 직원 수는 7만 6,000명이며 2009년 매출액은 1187크로나(178억 달러)에 달했다. 서울 명동에도 진출하고 있다.

H&M의 그린사랑은 원료 획득에서부터 재료 가공과 의류 생산, 판매와 실제 착용에 이르기까지 이른바 공급체인(supply chain) 전반에 걸쳐 실행하는 데 있다.

이는 크게 세 가지 범주로 나뉜다.

첫째, 건강하고 환경 친화적인 원료이다.

둘째, 환경에 대한 영향이 적은 생산방식이다.

셋째, 완성된 제품의 친환경적인 판매와 이용 등이다.

H&M이 가장 공을 들이는 소재는 면(綿)이다. 그래서 H&M은 면의 비중이 농약이나 화학비료를 쓰지 않는 '유기농 면(organic cotton)'의 사용을 크게 늘리는 한편, 나머지 일반 면에 대해서도 같은 수준의 대책을 세워서 실행하고 있다.

H&M은 2004년부터 WWF(세계자연보호기금)의 '더 나은 면화계획(BCI: Better Cotton Initiative)'에도 참여하고 있다. BCI는 전 세계 20여 회원 기업과 단체들이 낸 기부금으로 파키스탄과 인도, 아프리카의 말리와 브라질 등에서 친환경 면화 재배기술을 교육시키고 있다.

여기에 그치지 않고 지금은 플라스틱 음료수병(PET병)을 재활용한 재생 폴리에스테르나 재생 나일론과 같은 재생 소재도 더 늘리고 있다.

● 자체 공장 운영 대신 협력사와 친환경 정책으로

믿기지 않겠지만 H&M은 자체 공장이 없다. 전 세계 17개국 700개에 달하는 1차 협력업체들이 OEM(주문자상표부착 방식)으로 옷을 공급받는다.

그런데 이들 협력업체와 계약을 맺을 때 H&M은 총 270여 종의 금지 화학 물질 리스트를 제시하고 이들 물질을 만들지 않겠다는 약속을 문서화시킨다. 물론 모든 협력업체에 폐수 처리 시설을 갖추는 것도 의무화로 정해서 시행하고 있다.

실제로 의류 생산과정에서 가장 환경오염이 심한 부분은 표백과 염색, 그리고 세탁 공정이다. 이 과정이야말로 엄청난 양의 화학 약품이 사용되고 이산화탄소 배출량이 많다. H&M는 그 개선책으로 복잡한 염색공정을 단순화하고 투입된 양을 줄이거나 환경에 대한 영향이 적은 대체물을 쓰는 등 총 40여 개의 방법을 정리한 '청정 직물 생산 프로그램'을 개발했다.

● 매장 디자인도 환경으로

영국 케임브리지대학의 연구에 따르면 티셔츠의 라이프스타일에서 이산화탄소가 가장 많이 배출되는 과정은 옷을 소비할 때라고 한다. 옷을 빨고 다리는 과정에서 가장 많은 에너지가 소모되면서 이산화탄소가 급증한다는 것이다.

H&M은 소비자들이 보다 환경친화적이고 탄소발생량이 적은 방식으로 옷을 세탁해 입을 수 있도록 안내 팸플릿을 만들어 매장과 인터넷을 통해 제공한다.

모든 매장의 연출과 분위기를 돕는 일반 전구는 이제 LED 전구로 교체하는 일에서부터 환경친화적 정책을 반영시키고 있다. 이러한 작은 일에서부터 H&M는 녹색에 스타일을 걸치고 또 겹쳐서 모든 제품의 판매와 유통, 그리고 대고객 관리에 임하고 있다.

한 벌의 옷이 머릿속에 그려지는 순간부터 소비자의 손에 들어가 닳아 없어지는 순간까지 일관되고 집요하게 녹색과 스타일이라는 요소를 우선적으로 생각하는 기업이 되는 것이 H&M의 기업 지향점이 되었다.

올해로 기업 역사 64년째를 맞고 있는, 3대에 걸쳐 가족적 경영을 일관되게 지키고 있는 H&M의 성공 스토리는 글로벌 그린마켓에서 매우 독보적인 위치에 올라와 있기 때문에, 비록 옷이지만 기업적인 환경친화적 정책들이 돋보였다.

이 때문에 한눈에 읽는 GGGR의 한 페이지를 차지하는 일은 너무나 당연하다.

3 베이징에서 이슬라마바드를
거쳐 도하까지

우선 마음이 편안하고 또 한눈에 읽히는 글로벌 녹색성장 보고서
의 세 번째 주제는 국제적 시각이 필요한 파키스탄과 카타르이다.

먼 얘기가 아닌 2010년 12월 실제상황이다. 인도에 이어 파키스
탄을 방문한 원자바오(溫家寶) 중국 총리는 '통이 큰 선물'로 평가되
는 350억 달러의 경협계약을 파키스탄에 안겼다. 미화 350억 달러
는 한국돈으로는 약 41조 원에 달하는 거금이자 경제원조로서는 보
기 드문 액수에 해당한다.

파키스탄 방문 직전 인도와 맺은 160억 달러의 2배가 넘는다. 미
국이 인도를 끌어들여 중국을 견제하려는 시도(?)에 대해 중국은 인
도의 앙숙인 파키스탄을 끌어들여 인도를 견제하겠다는 뜻일 것이
다. 다분히 그렇게 엿보이고 있다.

12월 18일, 오전 원자바오 총리는 유사프 라자길라니 파키스탄 총
리와 함께 양국 우호에 기여힌 인물들과 쇠담회를 가졌다. 이 자리
에서 원 총리는 "각자가 저마다 감동적 스토리가 있고 이것은 작은
개울처럼 중국과 파키스탄 두 나라 사이의 우의(友誼)라는 큰 바다

로 흘러간다"며 "당신 같은 사람들로 이 바다는 마르지 않을 것이고 대대손손 이어질 것이다"라고 말했다.

이에 갈라니 총리는 "양국 우의의 바다에 물 한 방울도 매우 중요하다"면서 "이 한 방울이 모여 큰 바다가 된다"고 화답했다.

이어 오후에 원 총리는 또 아시프 알리 자르다리 파키스탄 대통령과 회담을 가졌다. 이어 파키스탄 군부 최고위 인사들과 만나 "파키스탄군은 양국 우호의 굳건한 지지자이자 보호자이다"라는 덕담도 이어갔다.

이날 중국 언론매체들은, 350억 달러 경협에 고무된 술탄 아마드 차왈리 파키스탄 상공회의소 의장도 "파키스탄은 중국을 가장 가까운 동맹군으로 본다"면서 "이번 경협은 서방의 부진한 투자와 올해 홍수로 빈사 상태에 처한 파키스탄에 정말 필요하다"라고 기대성 발언까지 서슴지 않았다고 보도했다. 내가 이렇게 필요 이상으로 길게 늘어놓은 것은 다른 뜻이 있다.

● 경협으로 뜻을 전하고 경협으로 중국 기업의 파키스탄 진출의 계기 마련

지난 2년째 4대강사업 추진에 얽힌 시시비비로 얼룩진 한국 국회의 모습과 물경 41조 원에 달하는 경협의 카드를 사용한 두 나라의 경우에서 느낀 바가 크다.

중국은 이 카드를 통해 자국의 기업들이 파키스탄에 들어가서 돈의 규모나 대가성 시비를 떠나 바다와 하천, 전력과 사회기반 인프라 구축을 도우면서 신재생에너지산업을 더 크게 키우는 일을 도울 것으로 판단한 것이다.

분명 여기에는 중국 언론매체가 지적하고 있듯이, 향후 3년에 걸쳐 태양광발전과 풍력발전, 그리고 노후된 전력망 교체 등에서 치킨

게임이 시작된 중국 신재생에너지산업의 물꼬를 트는 이중효과를 기대하는 것으로 풀이하고 있다. 누이 좋고 매부도 좋은 일거양득의 효과로 평가하는 그들이 오늘따라 부럽다.

● 지금 월드컵을 치르려는 카타르 도하에서

지금 인천국제공항을 이용하는 중동지역 항공사는 모두 3곳이다. 두바이를 기반한 에미레이트항공을 비롯하여 아부다비를 모태로 날갯짓을 하는 에티하드항공이 있다. 여기다가 지난 7년 동안 차분하게 인천과 도하를 오가는 비행기를 띄우기 위해 노력했던 카타르항공 등이다.

특히 2010년 4월 첫 인천~도하 사이의 직항편을 띄운 자리에서 아크바르 알바커 카타르항공 사장은 이렇게 감격해했다.

"인천국제공항이 자리한 서울·수도권 지역에 2,500만 명이 살고 있다. 이처럼 큰 시장을 누가 놓치고 싶겠는가."

이 발언은 2022년 월드컵 유치가 확정되지 않는 시점에서 나온 얘기다.

카타르항공은 보유 중인 항공기 81대의 평균 연령이 3년에 불과하지만 차세대 항공기를 계속 도입하고 있다. 현재 발주한 항공기가 200대로, 400억 달러의 주문량이다. '꿈의 항공기'라고 불리는 보잉 B747을 60대나 주문했다. 도하 신공항 활주로 공사가 끝나는 올해 7월에는 다섯 대의 초대형 에어버스 A380도 운항할 예정이다.

카타르의 면적은 11,000km^{2}로 한반도의 20분의 1 수준이다. 인구는 100만 내외다. 이런 강소국 카타르가 한국과 미국을 제치고 월드컵 개최국가로 선정되었다. 그것도 열사의 나라 중동지역 가운데 처음으로 말이다.

카타르는 벌써 영국 축구명문 맨체스터 유나이티드의 지분을 사들이는 작업에 돌입했다. 이게 인구 100만 명의 강소국 카타르의 변신이자 경제 현주소다. 하마드 카타르 국왕의 리더십에 의한 스포츠 산업 지향은 자연스럽게 에코돔과 같은 그린테크의 발전으로 이어짐을 의미한다.

● 신설될 축구장과 부족한 호텔은 신재생에너지 시설로

2022년 월드컵 개최지로 카타르 도하가 결정되자 가장 반기는 기업은 한국 건설회사였다. '월드컵 특수'를 기대하는 모습이 역력했다. 국내 대형 건설회사들은 월드컵 유치로 신설 축구장을 비롯하여 숙소와 호텔 등 건축공사를 기대하고 있다. 신설 도로 등 인프라 공사와 전력 확충을 위한 송·변전 공사의 추가 수주가 기대되는 분위기마저 보이고 있다.

아부다비 인터컨티넨탈호텔에 진을 치고 있는 한국 공사 담당자들은 한국 그린테크가 지향하는 아이템으로 수주전략에 돌입했다. 특히 냉방시설을 자체 해결하는 대형 에코돔(eco-dome) 축구장 건설에 거는 기대가 남다르다. FIFA의 최소 권고 사항에 맞게끔 말이다.

● 월드컵과 중국 잉리솔라

중국은 32개국이 출전하는 남아공 월드컵에는 참가하지 못했다. 하지만 남아공 월드컵은 중국경제의 약진을 보여주는 '거울'이기도 했다. 월드컵 스폰서 1호 중국 기업이 된 잉리솔라는 신재생에너지 산업에서 약진하는 중국의 모습을 펜스광고를 통해 상징적으로 보여주었다.

지난해 7월 11일, 스페인이 네덜란드를 누른 결승전 때도 펜스광고에서 8분이 넘게 잉리솔라의 영어인 'YINGIL'과 중국어 '英利'라는 기업 이름을 번갈아서 등장시킨 저력을 발휘했다.

이렇게 글로벌 그린마켓의 홍보전은 베이징에서 시작해 이슬라마바드를 거쳐 도하까지 이어가고 있다. 이를 어찌 녹색성장 보고서가 놓칠 수 있겠는가?

4 Global Green Growth Money

한눈에 읽는 글로벌 녹색성장 보고서의 마지막은 '녹색 속에 돈이 있다'라는 것에 관한 보고서다. 녹색성장에는 경제주체들이 외면할 수 없는 대명제가 도사리고 있고, 삶의 질 향상에는 일자리 창출이 단골 메뉴여서 신재생에너지산업에 거는 기대도 크기 때문이다.

하지만 최우선적으로 돈이 되어야만 관련 기업들이 모이고 이를 통해 미래의 성장동력으로 발전시키게 된다. 이러한 발전인자를 돕기 위해 정부가 기업을 이끌고 소비자의 동참을 호소하는 양동작전을 펼쳐야만, 그 돈놀이 판은 저절로 커지게 된다.

그러나 기존의 산업 형태를 바꾸는 일은 쉽지 않다. 새로운 모험과 변화는 신생 벤처기업에게만 통용되는 기업적 토양에 한해 적용된다. 그렇다면 관련 기업에게 어떤 방식으로, 어떤 규모로, 어떤 편익을 안겨주어야 하는가?

우선 '녹색 속에 돈이 있다'는 점을 강조하고, 그렇게 산업의 패러다임을 바꾸는 것을 보여주어야 한다. 이렇게 정책의 기조를 바꾸면서 녹색성장의 대열에 동참을 호소해도 관련 기업들은 매우 소극적이다.

앞에서 제시한 두 가지 방법론으로는 성이 차지 않는다. 여기에 하나를 더 보태는 전술적 가치를 보여주는 일이 필요하게 된다. 결론부터 말하자면 돈을 모아주어야 한다. 그것도 큰돈을 말이다. 녹색성장산업은 회임기간이 길고 완벽한 기술적 표준이 아직 서지 않았다는 시장의 반응부터 곱씹어 보아야 한다.

일부에서는 벌써부터 그린버블을 걱정하고 있다. IT 성공 뒤에 IT 버블이 있었기에 가능하다고 강조하지만, 녹색성장을 위해 녹색버블이 필요하다는 지극히 역설적인 이론은 설 자리가 없어진다.

이 때문에 글로벌 그린마켓에서 제대로 된 그린테크가 나오도록 프로젝트 파이낸스 정책을 우선적으로 꼽고 또 실천해야 한다.

● 정책적 해결의 방법론

예를 들면 정부는 세 가지 방향에서 해결책을 제시할 수 있다.

첫째, 811조 원에 달하는 시중의 부동자금을 흡수해서 그린펀드로 변화시키는 일이다. 정부는 그린펀드에 돈이 몰릴 수 있도록 세제 지원을 포함한 각종 유인책을 서둘러 발표해야 한다. 지금까지 명목상 사용한 부동산정책처럼 땜질 대책이 아닌, 국가 백년대계를 위한 그린펀드가 활성화되는 획기적인 정책을 제시하는 것이다.

둘째, 100조 원이 넘는 연기금을 그린펀드로 확대시켜 화끈하게 신재생에너지산업의 미래를 제시하는 일이다. 국회의원에게 쏟아지는 비난이나 질책까지 감수하고 실질적으로 큰 그림을 보여주지 못한 불찰을 불식시켜야 한다. 그렇다고 하나뿐인 목숨을 내놓으라고 하지는 않겠다. 그래도 죽을 각오로 나오면 된다. 책임지는 일에 올인하면 마냥 질책만 하는 국회의원 뒤에는 우리 국민이 있고, 우리 국민들은 방송매체를 통해 너무나 잘 알고 있다.

셋째, 한국 국부펀드인 한국투자공사(KIC) 기금 300달러의 일부를 시드머니 삼아 노르웨이 국부펀드나 중동지역 국부펀드와 관계 유지를 발전시켜 대형 프로젝트를 성사시키는 기금 운용의 묘를 생각할 때가 되었다. 예를 들면 카타르 도하가 필요로 하는 인프라 구축 프로젝트를 위해 한국 국부펀드가 처음부터 관여, 부족한 자금은 다른 나라 국부펀드와 함께 어깨동무하는 것도 한 대안이다.

최근 노르웨이연금펀드는 정크펀드 수준인 그리스 국채를 사주는 아름다움까지 보였다. 하물며 천연가스 수출로 국부를 이룬 카타르에 대형 에코돔 축구장 신축 건설이나 고급 호텔에 투자하는 프로젝트 유혹을 어찌 물리칠 수 있겠는가?

● 온실가스 인벤토리 구축

향후 글로벌 그린마켓에서 이산화탄소 배출권 거래와 함께 온실가스 인벤토리 구축에서의 우리 기술력과 대응력은 돈이 될 수 있다.

기후변화로 인한 그린마켓이 탄생·성장하고 있다. 배출권거래제도에 기반을 둔 탄소시장은 연평균 2배 이상 증가하고 있다. 2009년 한 해 동안 거래액은 약 20조 원으로 추정되고 있다. 큰 시장이다. 오죽하면 이재(理財)에 매우 밝은 영국상공회의소가 주체가 되어 이 두 아이템을 관리하고 운영하고 있을까?

따라서 향후 그린코리아펀드는 주인의식을 보강시켜 관련 기업들에 '녹색 속에 돈이 있다'를 제시하고 쌈짓돈을 만들어주어야 한다. 그것도 가능하다면 가장 적은 국제금리 수준으로 말이다.

이 두 사례를 실제로 증명하고 성공신화를 쓰고 있는 나라는 오염 대국 중국이다. 중국의 한 녹색기업은 지난 2009년부터 남태평양 사모아에 진출해서 공짜로 태양광발전소를 신설해 주었다. 그리고 나서 관광과 레저 시설의 동반자로 선택하는 지혜를 보였다. 이를 기반해 탄소거래제도에 대한 편익까지 챙긴 수혜자가 된 것이다.

물론 온실가스 인벤토리와 무관한 사모아에서도 이를 적용하는 기업가 정신이 힘을 받게 된다. 최근에는 사모아 전역에 그린카를 등장시켜 지구촌 소비자에게 좋은 이미지를 심으면서, 다른 한 편으로는 그린차이나를 선전하는 두 마리 토끼를 잡고 있다.

백면서생인 나는 이론은 있어도 힘은 없다고 자인하고 있다. 그렇지만 이런 글로벌 그린마켓 보고서를 쓰기 위해 젖 먹던 힘까지 보태고 있다. 진실게임의 현주소로 보면 된다.

Chapter 7.

자원빈국(資源貧國) 한국이 글로벌
그린으로 부자 되기

1 그린노믹스를 위하여

뉴 스타트(New Start). 이미 2011년은 시작되었다.

벌써부터 경제주체들은 단순한 해 바뀜을 기다리지 않고 새해를 향한 발걸음을 내디뎠다. 세상을 바꿔놓을 '2011년 모멘텀'을 위해서다.

건배주(乾杯酒)를 들고 외치면 '위하여'는 미래지향적이다. 미래와 직결된 꿈과 희망에서 자신의 비전을 깨우치기 때문에 '위하여'는 항상 건배주의 화두가 될 수 있었다. 이를 패러디하면 그린노믹스에 대한 한국의 미래를 예상하기가 한결 쉬워진다. 이론적 생각과 현실적 괴리를 교집합해도 이상적인 결과를 도출시키는 데 그만이기 때문이다.

진정한 21세기의 시작이 되기 위해서도 이러한 구상과 시도는 경제주체에게 필요한 절차이자 요식행위를 건너뛰는 모멘텀이 되고 있어서다.

말끔하게 G20 서울 정상회의를 마무리하는가 싶더니 연평도의 북한 도발이 한국경제에 찬물을 끼얹기도 했다. 하지만 여기서 한 발

물러서거나 그냥 주저앉을 수 없다. 한강의 기적을 이룩한 코리아의 자존심이 용납하지 않을 터다. 그리고 대망의 2011년은 1조 달러의 무역시대의 원년이 된다. 얼마나 오매불망 기대하고 기다린 소망이던가.

여기에 필요한 국가적 어젠다로 그린노믹스를 본다. 왜냐하면 전 세계가 2008년 9월 리먼 브라더스 파산 이후 학습효과로서 비싼 수험료 지불했고 엄청난 손실로 우리는 한때나마 신음했다. 그래서 신재생에너지산업을 향한 그린노믹스로 받아들이자마자 '그린'과 '경제'를 아우르는 발판 마련에 국력을 모았다.

이게 바로 그린 코리아가 10년 이후의 먹을거리로 정한 태양광발전과 풍력발전, 그린카와 스마트그리드 등 신성장동력 탄생의 배경이 되었던 것이다. 여기에 원자력발전소 운영 30년 만에 아부다비 실라에 첫 수출이라는 해외 플랜트 수출의 기적까지 낳았다.

그리고 그동안 가꾸고 연구했던 IT와 BT가 융합되고 건축공학이 금융공학과 연결되면서, 우리의 시장은 비좁은 내수시장이 아닌 글로벌 그린마켓으로의 진입이 가시화될 2011년을 맞고 있다.

건배주를 들었던 손에 힘을 모아 높이 쳐들고 '위하여' 대신 '그린 코리아를 위하여'를 외치는 그 일이 얼마나 자랑스럽고 얼마나 값진 모멘텀인가?

2010년에는 'G20 서울정상회의'가 한국에서 열렸고 2012년에는 '2012 세계 환경 올림픽'이 제주에서 열릴 것이고 '2012 핵안보서밋'이 서울에서 개최될 예정이다. 이를 위한 준비와 병행에서 우리 모두는 그린 코리아의 위상 정립과 미래비전을 세우는 2011년이 되어야 한다.

● 세계는 지금 '신(新)에너지' 혁명 중

세계는 '신재생(new & renewable) 에너지' 혁명 중이다. 각국 정부가 석유와 천연가스의 지배에서 벗어나기 위해 앞다퉈 팔을 걷어붙이고 있다. 온실가스를 줄이고 에너지 안보를 튼튼하게 다지려는 이중 포석이다. 여기에 관련 기업들이 참가하여 그린테크로 무장하는 모습이 이제는 전혀 낯설지 않다.

국가는 국격(國格)을 높이는 지름길로 간주하고 있고 기업은 성공의 키워드로 가늠하는 한편, 소비자는 친환경 선택권을 즐기기 시작했다.

유럽재생에너지협회(EREC)는 최근 발표한 '에너지 혁명(energy revolution)' 보고서에서 각국 정부가 에너지 효율을 높이고 온실가스를 줄인다면, 전체 에너지 공급량 가운데 신재생에너지가 차지하는 비율이 현재 13.2%에서 2050년에는 50%까지 높아질 것으로 전망했다.

여기서 그린 코리아가 매진해야 하는 지상목표의 기대치를 어느 선까지 끌어올리느냐가 관건이자 그린노믹스의 최대 미션이다.

● 세상을 바꾸는 신재생에너지 융합기술 현장에서는

미국 샌프란시스코 근처에 위치한 UC버클리 대학 내 스탠리 홀. 이곳에서는 한국계 루크 리 교수가 과학기술과 건축을 융합하는 연구개발에 비지땀을 흘리고 있다.

프로젝트명은 CASE(Convergence of Architecture, Science & Engineering)라는 긴 이름이다. 직역하면 '건축·과학·공학의 융합'쯤이 된다. 예컨대 땀 증발로 체온을 조절하는 인체 땀샘구조를 건물외벽에 적용하는 기술을 연구하고 있다.

여기서 연구한 새로운 물질을 적용해서 건물 표면이 뜨거워지면 스스로 바람이 통하게 하고 나쁜 공기는 알아서 걸러낸다. 건물 내

박테리아도 줄일 수 있고 에너지는 태양 등 자연에서 얻어 외부 에너지 사용을 최소화한다.

한마디로 살아있는 '생물학적 건물' 개발이 목표다. 이를 위해서는 나노기술과 바이오기술에 이어 물과 화학지식까지 융합시키는 고난도 기술적 업적에서 성패가 가름이 난다고 한다.

이러한 융합기술의 발전에 의해 해외 코리아 그린노믹스는 시작되고 있다. 이 길만이 자원빈국 한국이 부자가 되는 지름길임을 자각해서 더 풍성한 국부를 이루어내야 한다.

2 전기와 함께 식수도 생산하는
한국형 스마트 원자로

　예전에는 커피 한 잔을 그냥 주문할 수 있었다. 지금은 두 손을 펴서 손가락으로 세어도 부족하다. 15가지가 넘는다. 그래서 선택 조건이 되는 결정의 고리에 따라 카푸치노를 비롯하여 에스프레소와 라떼 등을 주문할 수 있다. 우선 선택의 고리로서 카페인 성분의 유무라든가 향기의 유무라든가 심지어는 따뜻한 밀크와 잔 밀크까지 고리의 대상으로 삼아야 한다.

　1기당 미화 50억 달러에 달하는 원자력발전소에서 발주는 안전성이 담보된 여러 가지 모델과의 비교우위전략에서 선택의 고리(또는 선택의 조건)가 결정된다. 별다른 부담이 없이 마시는 커피의 선택 고리가 많아지듯 원자력발전의 모델은 계속 늘어나는 추세다.

　2009년 12월 27일 아부다비 에미리트 팰리스호텔 프레스센터에서 거행된 역사적인 원전수주 계약에 따라 올해는 실라에서 첫 삽질이 시작된다.

　핵(核)이라고 하는 제한된 카테고리가 지정학적(的)을 비롯해 사회학적, 석유정치학적 측면까지 고려 대상에 포함시키는 사안이기 때문에, 계약부터 첫 삽질까지 1년의 준비 기간과 설계 완비 등에 의해 착공시기의 조절이 필요했다.

이제 아부다비 원전수주, 그 후 1년을 맞으면서 여러 가지 국제적 제안과 역학관계 등 미처 생각하지 못했던 제안과 문제들이 드러났다. 미화 400억 달러에 달하는 수주 규모답게 드러난 제안과 문제의 본질을 파악해보면 또 다른 기회, 자원빈국 한국이 부자가 되는 길까지 보여주고 있다.

이는 크게 새로운 원전 모델의 제시와 원전의 연결고리가 되는 인재양성 등 두 가지다.

● 한국형 스마트 원자로

'스마트(SMART: System-integrated Modular Advanced ReacTor)'는 한국원자력연구원이 개발 중인 신개념 중소형 원전의 영어 약자이다. 1997년부터 독자적으로 개발해 2002년에 기본 설계가 완성된 원자로이기도 하다. 그러니까 스마트는 한국의 기술적 발전에 의해 처음으로 완성시킨 중소형 원자로로 구분된다. 이게 달러 박스로 떠오르고 있다.

스마트 원자로 모델의 특징은 전기를 생산하는 동시에 바닷물을 민물로 바꿀 수 있는 해수 담수용 원자로로서 그 가치를 배가시킨 순(純)한국형이라는 점이다.

더 포장하자면 스마트 원자로에서 발생하는 열 출력은 330MW에 이르는데, 이 열을 이용해 하루에 4만 톤의 담수와 10만 kW의 전기를 생산할 수 있다. 이는 인구 10만 명 규모의 도시에 전기와 물을 동시에 공급할 수 있는 양이다.

만일 용량이 더 필요하면 모듈(moule: 구조물을 조립이 가능하도록 똑같은 기능과 치수를 쪼개 놓은 것) 방식으로 설계가 되어 있어서 원자로만 더 연결하면 된다.

1989년 IAEA는 중동지역 국가들의 요청에 따라 원자력을 이용해 바닷물을 담수로 만들려는 국제 공동연구를 진행시켰다.

한국은 1997년부터 전기를 만들어내는 대형 원자로를 개량해 전기도 일부 생산하면서 바닷물을 민물로 바꿀 수 있는 다목적 중소형 원자로인 스마트를 독자적으로 개발하기 시작했다. 그리고 2002년 스마트 원자로 기술개발을 완료했고 그 과정에서 순한국산 스마트 기술이 IAEA의 모델 프로젝트에 선정되는 기술적 개가를 올렸다.

우선 스마트의 장점은 대형 원자로가 필요 없으면서 물 부족으로 인해 바닷물의 담수화가 요구되는 중동지역과 동남아시아 등의 섬나라와 사막지역에서 탁월한 성능을 발휘할 수 있다는 점이다.

● 해외에서 더 인기 있는 스마트

미국 에너지부는 2050년까지 스마트 원자로가 속한 중소형 원자로 시장 규모가 최대 1,000기는 될 것으로 전망했다. IAEA 역시 향후 해수 담수화용 1,000억 달러와 소규모 전력생산용 2,500억 달러 등 총 3,500억 달러 규모의 스마트 원자로 시장이 창출될 것으로 예상했다.

만일 우리의 스마트 원자로가 이 가운데 10%의 시장점유율을 보인다면 황금알을 낳는 거위로 부상할 수 있다. 때문에 스마트 원자로 수출 성공은 원전 수출로 발생하는 이익에 그치지 않고 기술을 비롯하여 핵연료 수출 등의 부가가치 창출도 적지 않다.

이렇게 외국에서 더 주목하고 있는 스마트 원자로를 외국에 판매하려면 국내에서 필히 기술 실증 연구를 진행해야 하는데, 아직까지 국내에 건설된 스마트 원자로는 하나도 없다. 2002년 기본 설계는 완료되었지만 '만들어 볼 곳'이 없어 지금까지 답보상태를 벗어나지 못한 실정이다.

하지만 실라에 첫 삽질을 시작함과 동시에 스마트 원자로 건설에 탄력이 붙을 전망이다. 최근 한국원자로연구원은 지금까지 미비된 원자로 노심과 안전계통의 표준설계를 마무리했다. 따라서 올해는 표준설계 인가 획득을 얻어내고 2012년에는 원자로가 들어설 부지 선정에 들어간다. 오는 2017년 1호기 완공이라는 밑그림을 그려둔 상태다.

● 아부다비 원전 수주, 그 후 1년

지난 1년은 원자력 수출에 관해 많은 것을 배웠고 동시에 많은 것을 잃었다. 일찍 터뜨린 샴페인이 화(禍)를 자초한 형극이 연속되었기 때문이다. 경쟁상대인 프랑스와 일본에게 우리의 패를 미리 보여준 탓에 그들의 안티와 거센 역공은 베트남과 인도 등에서 사실로 드러났다.

경쟁국들은 아부다비 원전 수주 당시 우리가 동원했던 방법을 총동원하고 있다. 일본은 베트남에 대해 핵연료의 안정적 공급과 사용후 핵연료의 관리, 파이낸스 지원과 인재관리 등 '종합선물세트'를 제공하겠다고 약속했다. 프랑스는 인도에 유엔 안보리이사회 자리를 추천한다는 조건을 수용했다.

한국은 가격경쟁력은 있지만 일부 핵기술은 아직 자립하지 못한 약점도 있다. 핵주기마저 완성하지 못한 실정이다. 한·미 원자력협정 때문에 일본과 프랑스가 가지고 있는 핵재처리 시설을 보유하지 못하고 있다. 당연히 우라늄 농축공장도 없다.

명실상부한 원전 강국이 되기 위해서는, 달러박스로 통하는 스마트 원자로를 수출하기 위해서는 핵의 재량권을 어느 수준으로는 가질 필요가 있기에, 향후 한·미 원자력협정에서 이 문제의 원만한 해결책을 얻어내는 일이 급선무다.

이를 우리 위정자는 잘 알고 있다. 국익을 위해서도 배전의 노력이 요구되는 시점이다. 아부다비 원전 수주, 그 후 1년의 교훈이기도 하다.

- 원자력 전문인력

더 큰 교훈은 원자력 전문인력의 태부족에 대한 보완과 보강정책이다. 적지 않는 인원이 아부다비의 아랍에미리트원자력공사(ENEC)에 상주하고 있지만, 당장 영어로 원전을 어떻게 운전할 것인지를 가르칠 사람이 많지 않다고 들린다. ENEC에서 요구하는 것은 점점 많아지고 있는데도 말이다.

글로벌 플랜트 시장에서는 주로 EPC(설계 및 시공업무 총괄) 능력이 있는 인재가 원자력 발전소 공사 현장을 지휘하는데, 한국은 한전 등이 이를 맡고 있다.

이를 지켜본 닐 토드리아스 미국 MIT 원자력공학과 석좌교수는 "한국 원전 운영기록은 훌륭하다. 다만 좋은 기술을 유지하고 발전시키려면 소통이 중요하다. 그러니 한국은 위계적인 질서가 이를 방해하고 있다"고 진단했다.

한국형 중소형 원자로 '스마트' 개념도

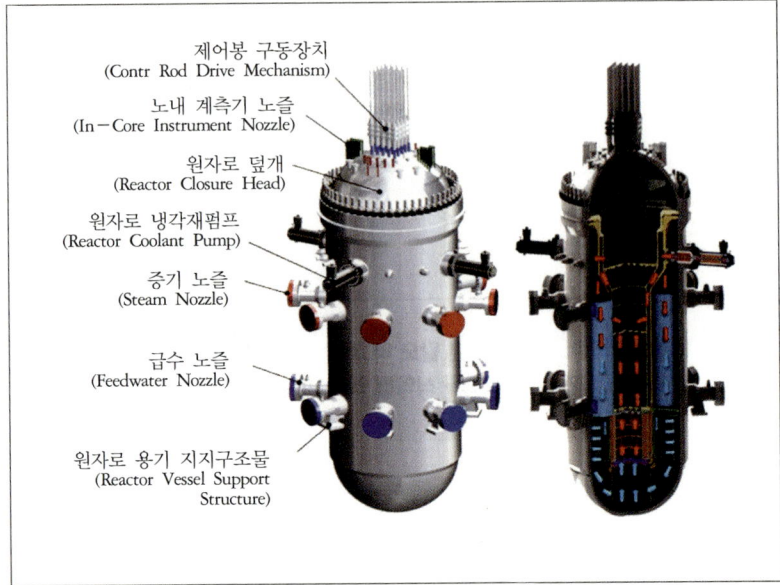

제어봉 구동장치
(Contr Rod Drive Mechanism)

노내 계측기 노즐
(In-Core Instrument Nozzle)

원자로 덮개
(Reactor Closure Head)

원자로 냉각재펌프
(Reactor Coolant Pump)

증기 노즐
(Steam Nozzle)

급수 노즐
(Feedwater Nozzle)

원자로 용기 지지구조물
(Reactor Vessel Support
Structure)

자료: 한국원자력연구원

일부 실수와 시행착오는 빨리 시정하면 된다. 하지만 실추된 이미
지가 땅에 떨어지면 모처럼 맞고 있는 한국 원자력 르네상스는 알맹
이가 없는 단지 허울뿐이라는 점을 기억해야 한다.

3 '2012 핵(核)안보서밋'과 '2012 세계자연보호총회'

멕시코 동부 유카탄 반도(半島) 끝의 휴양도시 칸쿤. 한 해 900만 명의 관광객이 칸쿤을 찾는다. 해변에만 140여 개의 고급호텔과 380여 개 레스토랑이 줄지어 있고 이 도시가 벌어들이는 관광수입은 멕시코 GDP의 7.5%를 차지할 정도로 높다.

앞에서 언급했듯이 이 도시에서는 지난해 12월 글로벌 그린에 최적의 정보가 되는 제16차 유엔기후변화협약(UNFCCC) 당사국회의가 열렸다.

190여 개 회원국이 12월 11일(현지시각) 녹색기후기금 조성 등 패키지 합의를 도출해 냈다. 칸쿤회의에서 회원국들은 개도국들의 기후변화 지원을 위해 녹색기후기금 마련이라는 어려운 난제의 실마리를 풀었다. 오는 2020년까지 매년 1,000억 달러를 조성키로 합의했다.

기후변화협약 하면 떠오르는 '교토회의'의 당사국 일본이 이번 칸쿤에서는 한 발 물러서는 면도 있었지만, 외신은 '절반의 성공'으로 칸쿤회의를 평가했다.

하지만 글로벌 그린으로 부자가 되어야 하는 이명박 정부는 2012

년 두 개의 국제회의를 통해 국격을 드높여야 할 일이 남아 있다.

● 2012 핵(核)안보서밋

지구촌 소비자를 놀라게 한 'G20 서울 정상회의'는 성공리에 마무리되었다. 삼성경제연구소는 이 대회를 통해 한국은 경제효과 21조 원과 국가신용등급 1단계에 오르는 경제기적을 낳았다고 평가했다.

이러한 여세를 몰아 2012년 두 가지 국제회의를 통해 더 많은 국부를 창출하는 일이 기다리고 있다.

제2차 핵안전보장회의는 건국 이래 최대 규모의 국제회의다. G20 서울 정상회의에 이어 단순히 국제회의를 하나 더 개최하는 의미를 넘어 국제사회에서 리더로서, 원자력발전소 수출 국가로서 한국의 위상을 공고히 할 수 있는 기회의 장이기도 하다.

핵안전보장정상회의가 안보 분야 최상위 회의인 만큼 한국은 핵의 직접적인 당사자로서 새로운 전기 마련이 기대된다.

● 제1차 워싱턴 핵안전보장정상회의 정상성명 내용

2010년 4월 13일(현지시각), 미국 워싱턴에서 열린 이 회의에 참석한 47개 정상들은 정상성명을 발표했다.

이 정상성명은 핵테러를 '국제안보에 대한 가장 도전적인 위협 중 하나이며 강력한 핵의 안보 조치는 테러리스트와 범죄자, 그리고 여타 권한 없는 자의 핵물질 취득을 방지하기 위한 가장 효과적인 수단이다'라고 규정한 후, '우리 모두가 공유하고 있는 핵의 군축과 핵의 비확산, 특히 원자력의 평화적 이용이라는 목표와 더불어 핵안보라는 목표 역시 공유하고 있다'고 밝혔다.

이에 따른 국가 차원의 책임있는 행동과 지속적이며 효과적인 국제협약이 필요하다는 데 합의하고 12개 조항을 정상성명에 담았다.

이는 크게 다섯 가지로 요약할 수 있다.

첫째, 핵안보 강화에 있어 국가의 책임과 역할을 규정한다.

둘째, 핵물질에 대한 관리 강화를 천명한다. 여기에는 각국이 핵무기와 핵물질 등에 대한 효과적인 방호(secure)를 유지해야 하며, 서로 필요에 따라 지원을 요청·제공한다.

셋째, 핵안보에 있어서 IAEA의 역할을 존중하고 동시에 핵안보 관련 국제공동체제(GICNT)의 기능까지 인정한다.

넷째, 불법 거래에 대비한 국제협력 및 정보교환을 증진시킨다.

다섯째, 원자력의 평화적 이용을 보장하고 방사성 물질 안보를 강화한다 등이다.

이러한 12개 조항의 구체적 이행을 위한 작업계획(Work Plan)을 마련한 것이다.

● 세계자연보호총회

제5차 세계자연보호총회(WCC)가 2012년 제주도에서 열린다. '환경올림픽'이라고 불리는 WCC는 4년마다 열리며 환경 분야에서는 최대 규모의 국제회의다. WCC는 세계자연보전연맹(IUCN) 산하 160개 회원국에서 정부 기관과 시민단체 등 1만 명이 참가한다. 2008년 10월 경남 창원에서 열렸던 람사르총회의 네 배가 넘는 규모다.

WCC에서는 자연 생태계와 외래 침입종, 그리고 기후변화 문제 등 자연환경 분야의 거의 모든 주제를 다룬다. 2008년 스페인 바르셀로나에서 개최된 제4차 총회에서는 8,000여 명이 참석하기도 했다. 당시 회외에서는 멸종위기에 처한 동식물의 목록인 '석색 리스트'가 공개되었다.

제5차 총회에서는 환경부가 주최가 되어 생태와 기후 등의 주제에 걸맞은 어젠다를 도출할 것이 예상된다. 참가 예상 인원은 약 1만 명에 경제효과는 1,000억 원으로 기대하고 있다.

예컨대 우리의 기대는 자원빈국 한국이 글로벌 그린으로 부자가 되는 길로서 국제적인 두 가지 행사가 국익과 직결됨을 의심하지 않고 모든 준비가 G20 서울 정상회의처럼 알차게 되기를 기대해 본다.

핵안보정상회의와 G20 정상회의

G20 정상회의		핵안보정상회의
핵테러 방지 및 핵의 안전한 사용	논의 주제	금융위기 극복과 지속 가능한 경제발전
50개국	참가국	20개국+초청국
유엔 · IAEA · EU	국제기구	IMF · 세계은행 · OECD 등 7개
1박2일	회의 기간	1박2일
2기 세션+오 · 만찬	회의 구성	2개 섹션+업무오찬
원전 관련 기업 포럼	부대 행사	재무장관 · 중앙은행 총재 회의 등
1,000명	수행단 규모	3,000명
1만 명	취재기자단	7,000명

4 반대를 위한 반대도 소통하라

 이명박 정부는 2009년부터 5년간 107조 4,000억 원을 투입해 118만~147만 개의 일자리를 만들겠다고 공언했다. 그렇다고 '저탄소 녹색성장'의 염원은 한국에만 국한된 국민적 기대와 희망사항이 아니다. 버락 오바마 미국 행정부도 940억 달러를 청정에너지기술과 녹색설비투자에 책정하면서 총 421만 개의 일자리를 만들겠다고 약속했다.

 하지만 문제는 각 정부의 발 빠른 투자를 받쳐줄 만한 그린마켓이 아직 형성되어 있지 않다는 점이다. 한 개 특정 도시라면 각종 녹색사업이 지역경제를 일으키는 데 큰 도움이 될 수 있지만 그린 일색의 국가적 프로젝트가 국가 경제를 이끌어 가기에는 시장의 규모가 작다는 것이다.

 이러한 점을 맥킨지그룹 산하 맥킨지 글로벌 연구소가 최근 '녹색성장사업에 대한 보고서'를 발표해서 주목받고 있다. 반대를 위한 반대일 수 있고 동시에 평가절상과 거리가 먼 평가절하일 수 있지만, '보약은 쓰다'는 교훈처럼 국가와 관련 기업, 기업과 소비자, 그리고 소비자와 국가, 경제주체 사이의 삼자 소통(疏通)을 통해 글로벌 그린의 미래를 새롭게 조명하는 계기 마련으로 보면 된다.

이 역시 자원빈국 한국이 글로벌 그린으로 부자가 되는 지름길의 하나이기 때문에 그렇다.

● 맥킨지 글로벌 연구소 보고서의 반대 의견

이명박 정부는 2010년 4월 14일, 녹색산업 인증제 시행에 들어가면서 녹색 드라이브 정책을 강하게 걸었다. 그렇다고 해도 글로벌 컨설팅 회사인 미국계 맥킨지의 연구 결과는 사뭇 다른 견해를 가지고 있었다.

'녹색 성장'이라는 구호는 허망하게 들릴 뿐이다. 녹색산업이 일자리를 많이 만들고 경제성장에도 크게 기여하는 '도깨비 방망이'가 아니라는 것이다. 맥킨지에 따르면, 과거 혜성처럼 등장했던 산업기술이 고용이나 경제성장에 미치는 기여도는 그리 크지 않다.

경이로운 성장을 거뒀던 미국 반도체산업이 현재 GDP에서 차지하는 비중은 0.4%에 불과하다. 역동적으로 주목을 받았던 인도의 소프트웨어산업도 별반 다르지 않다. GDP에서 차지하는 비중은 0.7%에 그쳤고 고용창출률은 0.1%로 미미했다.

미국에서는 수년 전부터 녹색산업의 열풍이 불었다. 그러나 미국 노동통계청에 따르면 2009년 8월 기준 바이오기술과 청정기술이 만들어낸 고용률은 전체의 0.2%와 0.6%로, 건설의 4.9%와는 매우 대조적이다. 금융의 5.9%라든가 소매업 11.3%와도 거리가 멀다.

녹색산업이 다른 산업에 미치는 스필오버(spill over: 한 생산요소가 다른 생산요소를 끌어들이는 현상) 효과를 계산하더라도 녹색산업이 경제성장률에 미치는 영향력은 미미하다고 강조했다.

다만 녹색산업의 일자리 창출효과가 미미하다 해도 녹색성장은

IT에 이어 거스를 수 없는 새 흐름으로 자리를 잡아가고 있다는 점을 숨기지 않았다.

● 성공하는 녹색혁명의 시대

녹색산업에 대한 비전을 제시한 내용으로는 〈그린 코드〉의 저자 토머스 프리드먼을 빼놓을 수 없다. 반대를 위한 반대를 아예 무시한 발언을 이미 발표한 바 있기 때문이다.

'2009 그린 포럼' 참석차 한국을 찾았던 토머스 프리드먼 뉴욕타임스 칼럼니스트는 인류의 미래를 위한 유일한 해결책은 '녹색혁명(green revolution)'이라고 주장했다. 그것도 줄기차게 주장했다.

그는 녹색혁명이 필요한 근거로 현실적인 이유를 이렇게 설명했다.

"2050년까지 인류가 지금과 같은 발전 속도를 유지하려면 1GW 규모의 원자로를 매일 1개씩 만들어야 한다. 아니면 세계 190여 개 국가가 석탄과 석유 사용량을 줄이는 데 모두 동의해야 한다. 하지만 이 모든 것을 실제로 이루는 것은 사실상 어렵다."

따라서 프리드먼은 "에너지를 조금 쓰거나 환경오염이 적은 자동차와 집을 개발하지 않으면 인류는 위기에 처하게 될 것이다"라고 경고했다.

우선 '에너지 소비를 줄여 자연과 환경을 보호하자'는 환경주의자들의 전통적 해결방식에도 매우 부정적이었다. 이는 이제 막 경제성장에 탄력을 받기 시작한 개발도상국에 '성장을 그만하라'는 말과 마찬가지라는 것이다. 좋은 차를 타고 좋은 집에 살고 싶은 인간의 욕구도 어떤 방법으로든 막을 수 없다고 지적했다.

그의 논리의 초점에서 녹색혁명은 글로벌 그린마켓에 따라 냉철하게 진행될 것이라고 내다봤다. '지금까지 환경파괴의 주범이 미국을 비롯한 서구 선진국인 만큼, 해결책 마련을 위한 각국의 고통 분담은 공평하지 못하다'는 개발도상국들의 주장에 대해서도 반대를 일관했다.

예를 들어 건축·가전·교통 등 각 분야에서 그린테크를 개발하지 않으면 미국이 이번 세기에도 패권(覇權)을 쥐게 될 것이라는 논리를 폈다.

나는 반대를 위한 반대도 소통하기를 주문하기 위해 두 가지 상반된 견해를 기술했다. 물론 정답은 없다. 하지만 글로벌 그린으로 부국이 되기 위해 뛰고 있는 한국에게는 이러한 질문이 있을 수 있다.

'어떻게 가야 하는가? 어떤 길을 찾아야 하는가? 어떤 방식의 접근이 한국에서 최선일까? 자원빈국 한국에서 글로벌 그린로드를 만들기가 그렇게도 힘들단 말인가.'

따라서 이러한 의문을 불식시키기 위해 치열하게 전개되는 글로벌 그린마켓에서 승자로 평가를 받을 수 있는 그린테크 하나만이라도 제대로 만들어야 한다. 이 일에다 예전과 다른 연구개발(R&D)정책 개발과 과감한 자금 투입 등 현실적인 문제 해결부터 챙기는 것이 순서라고 본다. 그래야만 후대 사회학자들로부터 '2011년은 글로벌 그린에 성공하는 한국의 해'라는 역사적 평가를 받게 된다.

그래서 나는 '스스로 슬픈 바보'가 되어 이러한 지적 작업에 일말의 희망을 걸면서 어쭙잖은 연구와 조사를 그렇게 이어가고 있는지 모른다.

미국의 주요 산업별 고용률 (단위: %)

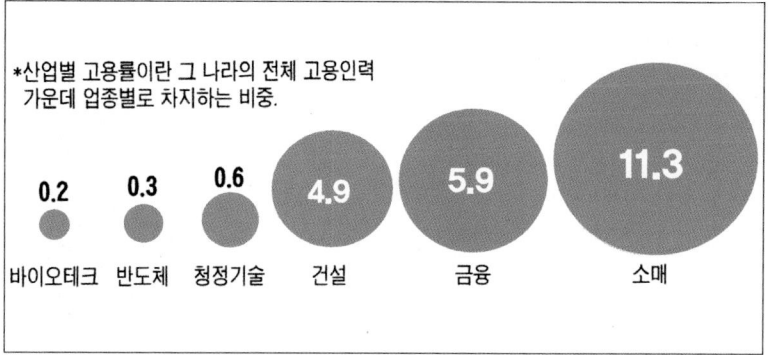

*산업별 고용률이란 그 나라의 전체 고용인력 가운데 업종별로 차지하는 비중.

| 0.2 | 0.3 | 0.6 | 4.9 | 5.9 | 11.3 |
| 바이오테크 | 반도체 | 청정기술 | 건설 | 금융 | 소매 |

자료: 2009년 8월 미국 고용통계청 발표

5 한국, 그 영원한 로망

다시 처음으로 돌아가 보자. 사회학자들이 즐겨 쓰던 방식대로 과거의 뿌리 찾기는 미래를 예단하는 지혜와 관련이 있다. 그것이 우리가 역사 공부를 하는 이유이기도 하다.

'저탄소 녹색성장'이라는 이명박 정부의 국가적 어젠다가 제시된 2008년 8월 15일의 일이다. 이 대통령은 8·15 행사를 마치고 청와대 수석비서관과 장관들을 격려하는 자리에서, '그린코리아(Green Korea)에서 그레이트 코리아(Great Korea)로'라는 구호를 외쳤다. 외신기자들을 위해 번역된 8·15 경축사에도 'Great Korea'가 수차례 등장한다.

이 대통령은 산업화와 민주화를 거친 지난 60년의 역사를 '성공'과 '기적'으로 평가하며 앞으로 다가올 60년은 '위대한 대한민국'이되어야 한다고 역설했다. 사실 그레이트 코리아의 기원은 '그레이트 아메리카(Great America)'에서 찾을 수 있다. 레이건의 국정 목표를 이 대통령이 벤치마킹한 것으로 볼 수 있다. 당시 미국은 고실업과 고물가로 국민들이 자신감을 상실한 상태에 있었으나 'Great

America' 선언으로 재기(再起)에 성공했다.

● Great Korea

이처럼 '위대한 한국'은 국가 지도자를 비롯하여 모든 국민에 이르기까지 로망이자 미션이 된다. 그 힘을 내세울 수 있는 국력의 비전을 녹색성장산업으로 잡았다는 데 우리는 놀랐었다. 그리고 이제 3년차의 2011년을 맞고 있다.

우선 그레이트 코리아의 성과를 논하기는 아직 이르다. 그러나 이제부터 하나씩 챙기는 지혜가 우리 모두에게 필요한 시점에 도달했다. 남은 것은 우선순위를 매기는 일이다. 왜냐하면 글로벌 그린마켓에는 항상 경쟁자가 도사리고 있고 그들은 호시탐탐 상대의 일거수일투족을 알고 싶어 한다.

지금은 디지털 생태계가 하루 24시간 작동하는 시대여서 그들만을 비난할 수 없다. 세계에서 처음으로 에너지 기술(ET)을 '3차 산업혁명'으로 묘사한 마르틴 예니케 베를린자유대학 석좌교수가 강조한대로 우선순위에 의한 정책적 결정을 이루는 일만 제대로 챙기면 된다.

한동안 워싱턴 컨센서스가 선진국 발전 모델로서 구실을 했다면,이제는 신흥국 모델로 거론되던 베이징 컨센서스를 넘어 한국이 국제사회에서 주도적 역할을 하는 서울 컨센서스까지 욕심을 내야 한다.

이게 글로벌 그린으로 부자가 되는 길이자 바른 정책방향이 된다. 그래야만 위대한 코리아의 자화상을 스스로 만든 국력의 본말과 일치시킬 수 있다.

오매불망 우리 모두가 기도하고 염원한 2011년 빅 모멘텀(Big Momentum)을 얻어낼 수 있는 일로서, 그레이트 코리아가 저탄소 녹색성장에서 이루어야 할 국가적 명분과 동일선상에 놓여 있음을 자랑해야 한다.

● 믹트 시대(MIKT of Age)가 오고 있다

"브릭스(BRICs) 다음은 믹트(MIKT)의 시대가 올 것이다."

미국 투자은행 골드만삭스의 대표적인 이코노미스트 짐 오닐의 예언이다. 2010년 12월 21일(현지시각) 미국 경제방송 CNBC에 따르면, 오닐은 최근 브라질·러시아·인도·중국을 가리키는 브릭스 대신 멕시코·인도네시아·한국·터키의 첫 글자를 딴 믹트가 새로운 세계경제의 성장엔진으로 부상할 것이라고 전망했다.

짐 오닐은 2001년 '세계는 더 강한 브릭스를 기대한다'라는 보고서에서 브릭스라는 용어를 처음 만든 주인공이다. 2년 뒤 '브릭스와 꿈꾸다'라는 다른 보고서에서는 이들 나라가 2050년 주요 7개국(G7)을 넘어 새로운 세계경제의 주역으로 등장할 것이라고 주장했다.

여기에는 브릭스의 대표국가인 중국이 수년 내 독일을 따라잡고 2015년에는 일본을 제칠 것이라는 내용이 담겨 있었다. 현실은 그의 예상을 뛰어넘었다. 중국의 GDP 규모는 2010년을 넘기면서 일본을 제치는 경제적 기적을 바라보게 되었다.

이러한 짐 오닐의 주장과 예단에 따라 과연 그는 한국경제를 어떻게 평가하고 있을까. 우선 그의 한국 평가는 매우 후하게 나왔다.

2010년 10월 한국을 찾는 그는 "앞으로 10년 내에 한국의 GDP가 세계 10위 안에 들어갈 것이다"라고 예상했다.

골드만삭스가 성장의 기반과 지속 가능성을 따진 '성장환경지수(GES)'에서도 8개국 가운데 한국이 가장 앞서 있다.

결국 이명박 정부가 내건 '저탄소 녹색성장'을 평가할 때에 자주 등장시키는 'MB의 뉴스타트 목표'가 곧 '그레이트 코리아'와 일치함에 따라 '한국, 그 위대한 로망'은 글로벌 그린에서 상종가를 치는 일에서 평가기준이 된다.

때를 맞추어 짐 오닐이 내린 '믹트 시대'의 예고대로 그레이트 코리아는 네 나라 가운데 한 나라로서 진정한 녹색성장을 이끌어나갈 세계의 주인공으로 거듭남을 의미한다. 아니 그렇게 되기를 주문하고 있다. 이제 우리 모두는 '한국, 그 위대한 로망'이라는 노랫말을 만들어야 할 때가 된 모양이다. 가능하면 초심으로 돌아가서 말이다.

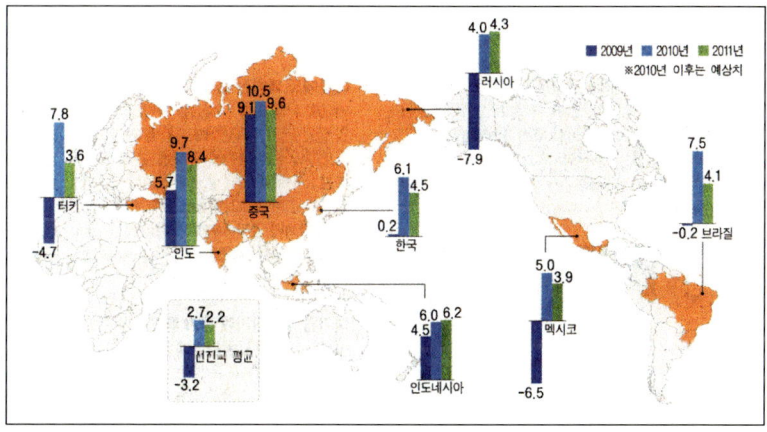

골드만삭스가 지목한 8개국(브릭스+믹트)의 성장률   (단위: %)

자료: IMF

나가는 글

　이 원고가 출판사로 넘어가는 날은 공교롭게도 연말연시였다. 한 해를 마무리하고 한 해를 새롭게 맞으려는 사람들로 시내는 매우 붐볐다.

　승용차 안의 FM라디오도 연말 분위기에 맞춰 아나운서 멘트가 너무 부드럽다. 그러나 함께 듣는 뉴스는 그게 아니었다. 중동지역 두바이유가 배럴당 90.31달러로 2년 2개월 만에 최고치이고 서울시내 기준 자동차 기름값은 리터당 2,000원을 넘었다는 내용이다.

　그런데도 어느 누구 하나 걱정은커녕 당연시하고 있다. 언론매체마저 침묵하는 분위기가 역력했다. 왜 이럴까? 왜들 이렇게 무사태평일까. 혼자 걱정하는 나만이 머쓱하다. 그들은 태평성세다. 그들 모두에게는 믿는 구석이 따로 있는 모양이다.

　하긴 화석연료의 고갈이 가시권에 접어들자 모든 국가의 위정자들은 이에 대비한 대체에너지 개발과 운영을 강조한 나머지 순하고 착한 우리는 어느새 면역이 생기면서 고유가문제는 남의 집 일로 치부하는 것이 아닐까? 중동지역 산유국들은 모처럼 맞이하는 고유가

행진에 표정관리에 신경을 쓰고 있는데도 말이다.

그들은 1배럴당 38달러를 기준으로 모든 국가 예산을 짜서 운영하고 있는데 90.31달러라니 2.5배나 더 돈이 들어오고 있으니 표정관리는 당연하다.

● 중국 광저우 시 필 리버 타워

하긴 지난해에 아시아경기대회가 열렸던 중국 광저우에는 랜드마크 건물 하나가 준공을 서두르고 있다. 중국 최초의 친환경 건물인 71층 필 리버 타워다. 인근 TV타워와 함께 광저우를 대표하는 건물에 속한다.

이 필 리버 타워는 외부로부터 전력이나 가스를 받지 않아도 자체 시설로 충당하는 21세기형 에너지제로 빌딩이다. 모든 유리벽은 태양광전지로 치장했고 높은 주탑을 이용한 4개의 풍력터빈이 가동되어서 필요한 에너지를 자체 생산해 필요한 만큼 사용하는 기적의 일이 일어나고 있다.

지구촌 소비자들로부터 '환경오염 국가'라고 들었던 불명예를 불식시키려는 중국 정부의 큰 노력이 이를 통해 실현되고 있다.

실제로 모든 건물의 에너지 소비율은 47%에 달해 항상 에너지 문제에서 자유스럽지 못한 것이 도심의 고층빌딩이었다. 이게 이론상이 아닌 실제상황으로 지금의 건축공학으로 가능하게 되었으니 오늘의 고유가가 뭐 대수일까, 뭐 그게 걱정거리일까?

신재생에너지산업이 본 궤도에 오르려면 아직도 긴 시간과 인고의 기술적 노력이 필요하다는 말마저 빈말이 되어 버린 것일까?

● 2011년의 기대와 희망

제5의 에너지라는 수소경제가 이제 서서히 주목을 받고 있다. 지금과 같은 고유가에서 힘든 경제운영과는 다른 소비와 유행이 지구촌 곳곳에서 벌어지고 있다.

화석연료에 의존하던 경제가 이제는 물처럼 흔한 수소경제로 발전하는 과학기술이 표준과 인증에 자유로운 그 시대가 다가오고 있다.

태양광발전에서, 풍력터빈에서, 원자력발전에서, 그린카의 질주에서, 광저우의 필 리버 타워에서, 스마트그리드에서 전기를 팔고 또 사다가 쓰면서도, 기회와 능력, 그리고 건강을 조물주에게 기도하는 내게서도….

내가 글로벌 녹색성장에서 소개한 모든 보고서가 이를 간접증명하고 있지 않았던가. 그냥 이해하고 그냥 느끼면서 하루가 다르게 발전하는 그린테크의 미래에 기대를 걸면 된다.

희망의 2011년은 도심의 인파와 오가는 인정(人情)의 물결 속에서 지난해처럼 그렇게 영글어가고 있을 터이다.

전 세계는 녹색성장에 올인하고 있다. 특히 G2로 불리는 미국과 중국의 행보는 우리의 상상을 초월하고 있다. 그 기세가 높았던 IT 버블이 꺼지고 이어 글로벌 금융위기까지 거치면서 미국과 중국은 녹색성장산업에 주목한 것이다. 이제 일자리 창출과 신성장동력산업으로서 그린테크는 세계의 최우선적인 어젠다가 되었다.

지난 1월 21일 버락 오바마 미국 대통령은 미국 뉴욕 스키넥터디의 GE 공장을 방문하여 청정에너지 분야의 일자리 확대를 제시했고, 미국을 국빈 방문한 후진타오 주석마저 같은 맥락으로 GE와의 파트너십을 체결했다. 이명박 정부도 지난 2008년 8월부터 10년 후의 먹을거리를 '저탄소 녹색성장'으로 정해 모든 정책과 미래를 그린테크로 일체화시킴으로써 세계 속에서 녹색산업의 주도적인 국가가 되었다.

따라서 이 책 『GGGR: Global Green Growth Report』 역시 시대적인 마케팅 트렌드에 따라 녹색성장에 주목한 여러 나라의 국가 정책과 관련 기업의 행보를 그대로 녹여냈다. 또한 저자는 이미 『GGGG: Go Global Green Growth』를 통해 녹색성장산업의 개념과 시장을 조명하여 2010년도 문화체육관광부 우수도서에 선정된 바 있다. 이에 이어서 큰돈이 되고 미래성장산업이 될 글로벌 그린마켓의 실상과 미래를 적나라하게 제시할 제3부『GGGM: Global Green Growth Money』를 곧 선보일 예정이다. 그만큼 전 세계가 국가적 부국의 지름길로서 녹색성장산업에 일렬종대로 모이고 있음에 주목한 결과일 수 있다.

| 참 | 고 | 문 | 헌 |

* 강연희(2008). '미래의 히든 챔피언'. <조선일보>. 8.23.
* 김경도(2009). '제5의 물결, 유전 찾던 큰손들 녹색기술로'. <매일경제>. 7.3.
* 김대영(2010). '삼성 5개 신수종사업 들여다보니'. <매일경제>. 5.12.
* 김민상(2009). '우주태양광 발전'. <중앙일보>. 10.21.
* 김상훈(2010). '한국의 친환경 LED 유럽서 발광(發光)'. <동아일보>. 11.11.
* 김은정(2010). '고속전기차 블루온 타보니'. <매일경제>. 9.15.
* 김진우(2010). '주요국 신재생에너지 정책동향 및 그린 에너지산업'. 에너지
    경제연구원.
* 김창규(2010). '환경론자 vs 환경론자'. <중앙일보>. 7.3.
* 김형자(2010). '스마트 원자로'. 이코노미스트.
* 대니얼 예긴(1993). 『황금의 샘』. 김태유 역. 고려원.
* 박기석(2009). '주요국의 녹색산업 동향 및 기술보유국 조사'. KOTRA.
* 볼프강 베링어(2010). 『기후의 문화사』. 안병욱 · 이은성 역. 공감.
* 심시보(2010). '세상을 바꾸는 융합기술'. <매일경제>. 10.12.
* 심시보(2010). '원자력 전문인력이 없다'. <매일경제>. 12.23.
* 유상철(2010). '가까이에서 본 스징룽'. <중앙일보>. 5.29.
* 유용하(2009). 'RTP에 길을 묻다'. <매일경제>. 12.5.
* 이새누리(2010). '일자리 늘린다고? 녹색산업 환상서 깨라'. <조선일보>.
    4.19.
* 이에스더(2009). '그린 에너지 신기술 5가지'. <중앙일보>. 10.21.
* 이이다 데쓰나리(2010). 『자연에너지 시장』. 푸른아시아 역. 이후.
* 인남식(2008). '중동을 이웃으로 사귀는 법'. <동아일보>. 2.2.
* 임은모(2010). '부국으로 성장하는 한국 원자력'. 『원자력문화』 7 · 8월호.
* 임은모(2010). 『글로벌 그린마켓 승자의 길』. 한국학술정보.
* 임은모(2011). 『아부다비 투자청 대해부』. 한국학술정보.

* 전병득(2010). '국가 R&D에도 다시 한 번 황의 법칙 만들겠다'. <매일경제>. 4.24.
* 정경민(2010). 'MIKT 시대온다'. <중앙일보>. 12.23.
* 정임수(2010). '조명이 도시의 경쟁력'. <동아일보>. 7.5.
* 정철환(2010). '환경과 스타일, 두 마리 토끼를 모두 잡아라'. <조선일보>. 11.6.
* 조호진(2007). '거대과학－한국의 힘'. <조선일보> 1.1.
* 조호진(2009). '에너지 손실 제로'. <조선일보>. 10.27.
* 최우석(2007). '벤츠의 미래, 전기차에 걸었다'. <조선일보>. 9.17.
* 토머스 프리드먼(2008). 『코드 그린』. 최정임 · 이명민 역. 21세기북스.
* 하랄트 벨처(2010). 『기후전쟁』. 윤종석 역. 영림카디널.

임은모 ─────────────────────────────

경력
광고평론가
한국문화콘텐츠학회 부회장
Al Ahmed Green Forum 공동대표
한일마케팅포럼 기획위원
한세대학교 광고홍보과 겸임교수 역임

저서
『글로벌 브랜드 두바이』(2007), 『문화 콘텐츠 비즈니스론』(2003),
『디지털 콘텐츠 입문론』(2002), 『디지털 콘텐츠 게임개발론』(2002),
『짐클라크의 수익모델 엿보기』(2001), 『취해도 광고는 바로간다』(1995),
『성공기업 광고전략』(1992)

연재
〈월간 Pop Sign〉 광고칼럼 연재
〈월간 디지털콘텐츠〉 콘텐츠개론 연재

강연
'It's Abu Dhabi & Masdar'
'at a glance Masdar by 글로벌그린마켓'
'글로벌 마케팅과 GCC 시장접근전략'
'탄소제로도시 마스다르의 도전'
'아부다비의 힘'

논문
「광고전략에서 케이스스터디 영역과 역할에 관한 연구」(1997)
「모바일콘텐츠에서 기술적 특성과 게임프로듀싱에 관한 연구」(2000)

Global
Green
2011 글로벌 녹색성장 보고서

Growth
Report

초 판 인 쇄 | 2011년 3월 25일
초 판 발 행 | 2011년 3월 25일

지 은 이 | 임은모
펴 낸 이 | 채종준
펴 낸 곳 | 한국학술정보㈜
주   소 | 경기도 파주시 교하읍 문발리 파주출판문화정보산업단지 513-5
전   화 | 031) 908-3181(대표)
팩   스 | 031) 908-3189
홈 페 이 지 | http://ebook.kstudy.com
E - m a i l | 출판사업부 publish@kstudy.com
등   록 | 제일산-115호(2000. 6. 19)

ISBN   978-89-268-1987-6 03320 (Paper Book)
          978-89-268-1988-3 08320 (e-Book)

GREEN는 새롭게 녹색의 씨앗을 심어 자연과 공존하는
SEED 녹색성장 시대를 이루기 위한 의지를 담고 있습니다.

이 책은 한국학술정보(주)와 저작자의 지적 재산으로서 무단 전재와 복제를 금합니다.
책에 대한 더 나은 생각, 끊임없는 고민, 독자를 생각하는 마음으로 보다 좋은 책을 만들어갑니다.